TE CUIDA!

TE CUIDA!

Dr. Cláudio Domênico

Guia para uma vida saudável

ELEVAÇÃO

Projeto gráfico de miolo
Helen Winkler

Ilustrações de miolo e capa
Bruno Drummond

DADOS INTERNACIONAIS DE CATALOGAÇÃO NA PUBLICAÇÃO (CIP)

D712t

Domênico, Cláudio
Te cuida! Guia para uma vida saudável. / Cláudio Domênico – São Paulo : Editora Elevação, 2018. Ilustrador: Bruno Drummond

ISBN 978-85-7513-240-1

1. Promoção da Saúde. 2. Qualidade de vida. 3. Alimentação. 4. Medicina I. Título.

CDD: 613

EDITORA ELEVAÇÃO
Av. Marquês de São Vicente, 446, cj. 1.713
CEP 01139-000 - São Paulo/SP - Brasil
Tel.: (11) 5505-2579

Minha família, meu porto seguro, a base de tudo:
Adriana, esposa e mãe maravilhosa;
Luisa, Caio e Letícia, filhos que são motivo de alegria e orgulho.

Meus pais, Ottávio (*in memoriam*) e Fidalma,
pessoas que me ensinaram a importância das palavras amor, família e caráter.

Meus amigos,
Só posso agradecer pela amizade, um patrimônio de valor inestimável.

MÉDICOS COLABORADORES DESTE LIVRO

Adriana Lucena - Cirurgiã dentista e periodontista
Ailson Soares Gomes - Endocrinologista
Aline Sardinha - Psicóloga
Aline Vargas - Cardiologista
Almir Ghiaroni - Oftalmologista
Amanda Athayde - Endocrinologista
Amélio Godoy Matos - Endocrinologista
Analice Gigliotti - Médica especialista em dependência química
Arnaldo Goldenberg - Psiquiatra
Carlos Alberto de Barros Franco - Pneumologista
Carlos Giesta - Ortopedista
Cynthia Pontes Saad - Pneumologista
Daniel Tabak - Oncologista
Edno Wallace - Cardiologista
Eduardo Linhares Riello de Mello - Cirurgião e pesquisador no Instituto Nacional de Câncer (INCA)
Eduardo Saad - Cardiologista
Fábio Cuiabano - Dermatologista
Fernanda Mattos - Nutricionista
Fernando Vaz - Urologista
Flávia de Deus - Cardiologista
Francinne Machado Ribeiro - Reumatologista
Gunther Kissmann - Pneumologista
Gustavo Nobre - Pneumologista
Hélio Magarinos Torres - Especialista em patologia clínica
Jair de Carvalho e Castro - Otorrinolaringologista
João Luiz Hauer - Gastroenterologista
José Antônio Flores da Cunha - Gastroenterologista
Leandro Kasuki - Endocrinologista
Luiz Carlos Nigri - Pediatra
Luiz Felipe Couto Guimarães - Fisiatra e fisioterapeuta
Marcelo Kalichsztein - Pneumologista
Marcos Pinho - Geneticista
Maria Lúcia Pimentel - Neurologista
Mariano Zalis - Geneticista
Maurice Vincent - Neurologista
Maurício Magalhães Costa - Ginecologista
Melanie Hurel Barroso - Alergologista
Mônica Gadelha - Endocrinologista
Ricardo Novis - Neurologista
Roberto Miranda de Cerqueira Campos - Urologista
Sergio Pereira Novis - Neurologista
Tatiana Dourado - Especialista em prótese dentária
Virgínia Nascimento - Nutricionista

SUMÁRIO

PREFÁCIO

Elaborado com estilo moderno - claro, didático, objetivo -, *Te cuida!* é inestimável fonte de informações práticas vinculadas aos cuidados, à atenção e às medidas rotineiras que a pessoa deve adotar em relação à conservação de sua saúde e, consequentemente, à manutenção do seu bem-estar.

São informações atuais, consagradas pelo crivo soberano da experiência, muitas não encontráveis em outros textos redigidos com o mesmo objetivo e dirigidos ao mesmo público-alvo.

O autor principal e coordenador do texto - o Dr. Cláudio Domênico - é renomado médico clínico, reconhecido e respeitado, entre outros, em seu principal campo de atuação: a cardiologia.

Domênico, valendo-se da colaboração de outros profissionais da área da saúde, elaborou o texto final deste livro com superior cuidado, até mesmo com especial devoção, tornando a interpretação dos fatos acessível a todos - profissionais da área da saúde ou não -, e o fez sem dano à exatidão científica.

Te cuida!, por sua singularidade, é marco que se incorpora à literatura de cunho informativo e prático. Obra que, por seus relevantes méritos, já nasceu destinada a ser consulta obrigatória de todo aquele que zela pela saúde, estando apta a ultrapassar, em breve, as nossas fronteiras: uma referência.

Dr. Carlos Giesta - membro titular da
Academia Nacional de Medicina

INTRODUÇÃO

Depois de trinta anos de experiência como cardiologista, comecei a me questionar por que certas coisas que eu dizia aos meus pacientes dentro do consultório não pareciam surtir efeito prático. Queria entender por que o meu discurso não estava sendo eficaz, não estava convencendo o paciente de que uma mudança de hábitos era recomendável ou, em muitos casos, fundamental. Era comum eu me sentir frustrado como profissional, porque examinava meus pacientes com muito cuidado, colhia a história de cada um deles de forma detalhada, mas o fato é que muitos não mudavam o comportamento. Continuavam alimentando os mesmos hábitos nocivos, sem motivação suficiente para dar uma guinada positiva. Passei a pensar cada vez mais sobre o assunto, na tentativa de aprimorar as minhas técnicas e identificar exatamente em que aspectos eu vinha falhando no que diz respeito a esse diálogo. Achava importante servir de mediador para um processo de reeducação. Queria fazê-los enxergar que, muitas vezes, medidas não convencionais são tão importantes quanto a realização de exames, por exemplo, ou o controle do colesterol e do diabetes.

A partir de dado momento, comecei a fazer algumas perguntas dentro do consultório para tentar humanizar ainda mais a relação médico-paciente, algo a que sempre dei extremo valor. O momento da consulta é, de certa forma, um momento mágico. Trata-se da parte mais gratificante e nobre do meu trabalho. Sinto-me privilegiado por contar com a confiança das pessoas que entram em minha sala e abrem suas vidas para que eu as escute, relatando seus medos e sucessos, suas angústias, tensões, alegrias e fraquezas. Não só se despem literalmente, mas – o que é mais importante ainda – também psicologicamente. Despem-se dos preconceitos, dos pudores, das mentiras, das hipocrisias sociais. Para fazer jus à confiança que depositavam em mim, achei necessário adaptar, de certa forma, o meu método. Passei a questionar se elas costumavam tirar férias, se tinham o hábito de ler, como se relacionavam no ambiente de trabalho, como era a estrutura familiar, como priorizavam o tempo, entre outras questões que, a princípio, poderiam parecer um tanto inusitadas ou descabidas. No entanto, a longo prazo, senti que fui ficando mais próximo dos meus pacientes, merecendo ainda mais a confiança da parte deles. A verdade é que passei a conhecê-los melhor, em vez de me contentar apenas com o que estava na superfície. O lado comportamental foi ganhando força, mostrando-se talvez tão importante quanto o lado técnico da experiência.

A ideia consagrada – mas nem sempre implementada – de que o paciente precisa ser encarado como um todo, e não destrinchado em partes, começou a fazer cada vez mais sentido para mim. Forçar alguém a parar de fumar, por exemplo, sem antes entender o momento psicológico pelo qual a pessoa está passando é, além de infrutífero, cruel. Para que verdadeiras e duradouras mudanças de hábito aconteçam, não basta informar, não basta levar conhecimento. Racionalmente, todos sabem que não se deve comer muita gordura ou abusar do açúcar, porque os danos futuros podem ser irreversíveis, mas, infelizmente, isso não é suficiente para que as pessoas se comprometam a emagrecer. A grande arte me parece ser ir além dessas ideias já estabelecidas no senso comum, e, para isso, é preciso tratar caso a caso, estar totalmente disponível para a escuta individual. Só ela pode guiar o tratamento. Tudo o que o paciente diz ajuda no seu processo de cura. Aliás, costumo dizer que o estetoscópio é o objeto que melhor simboliza a medicina. O médico pode ter o consultório mais imponente, com os móveis mais bem-acabados e equipado com a melhor tecnologia, a mais moderna; porém, nada substitui esse aparelhinho extremamente simples que tem por objetivo auscultar, escutar. É daí que nasce tudo. Essa é a base de uma relação que deve ser, sobretudo, humana.

Depois de muita reflexão em torno desses temas, certo dia, decidi criar uma cartilha para distribuir aos pacientes que vinham se consultar comigo. Cada letra correspondia a um aspecto que eu considerava primordial. Aspectos muitas vezes negligenciados, com base em desculpas do tipo "não tenho tempo" ou "não consigo". O surpreendente foi que a cartilha começou a agradar. As pessoas mostravam-se interessadas e felizes porque alguém se preocupava em tratar de todos aqueles assuntos de um modo palatável, simples. A partir daí e com o estímulo de amigos e outros profissionais da saúde, a ideia de escrever o livro foi amadurecendo, e hoje posso dizer que ele existe.

Na Parte I, optei por me concentrar na questão preventiva. É muito recorrente perceber como as pessoas se arrependem de não ter se prevenido, uma vez que um problema mais grave se instala. Acabam se penalizando por não ter feito a tempo o que poderia representar uma mudança decisiva. Para evitar esse tipo de arrependimento, que não ajuda em nada, o melhor mesmo é pensar na prevenção, tornando-a uma preocupação diária. Claro que não estou recomendando que se chegue ao extremo de ficar ansioso, angustiado, o que também não é saudável, mas vale a pena pensar um pouco em prevenção, tentar fazer com que ela entre na rotina de forma natural. Alimentação, bem-estar, comportamento e exercícios físicos serão o foco desta seção.

Na Parte II, achei interessante abordar alguns dos principais problemas e queixas que chegam aos consultórios médicos todos os dias. A ideia é que o conhecimento ajude a romper certas barreiras e crenças aparentemente inabaláveis. Para isso, convidei colegas de profissão especialistas nas áreas comentadas, de modo que os temas fossem abordados por quem lida com eles diariamente. Está refletida nessa seção a importância que dou às equipes multidisciplinares e, melhor ainda, interdisciplinares, em que há espaço para o debate. Às vezes, o paciente tem uma queixa aparentemente ligada ao coração, como taquicardia, mas a causa pode estar em um mau funcionamento da glândula tireoide, por exemplo. Casos assim são muito comuns. Por mais relevantes que sejam as especialidades, mais importante ainda é a interação que acontece entre elas.

A saúde é o nosso maior patrimônio e não se encontra à venda, não é negociável. Neste livro, tento ajudar o leitor não só a enxergar isso, o que nem sempre é óbvio, mas também a dar um passo adiante, a entender que cuidar da saúde pode ser um enorme prazer. Convido você a realizar essa descoberta por conta própria, caso permita que eu seja um modesto guia pelas próximas páginas.

Parte I

HÁBITOS SAUDÁVEIS

Eggbaconcheeseburguer?
Você não estava de dieta?
A Coca-Cola *é* light.

1. ALIMENTAÇÃO: VOCÊ É O QUE VOCÊ COME

Você é o que você come. Com certeza já ouviu essa frase, mas será que parou e refletiu a respeito dessa afirmação? O que o seu prato diria sobre você? Imagine-se em uma entrevista de emprego em que os candidatos são avaliados levando-se em conta sua alimentação. Afinal, ela diz sobre a nossa saúde e o nosso estilo de vida. Você ganharia a vaga? Brincadeiras à parte, a verdade é que um cardápio baseado em gorduras, carboidratos, carnes vermelhas e açúcares em excesso acaba com a sua saúde. O que tento mostrar aos meus pacientes é que eles não precisam buscar um ideal de magreza inatingível, mas, sim, hábitos saudáveis para uma longevidade com bem-estar. Comer de forma equilibrada auxilia na prevenção de doenças como diabetes, câncer, hipertensão e distúrbios digestivos.

Então, por que, mesmo com tanta informação sobre os benefícios de uma alimentação saudável, é difícil manter esse hábito? Imagino que a maioria das pessoas associe mudança alimentar com sofrimento ou restrição. Não é assim. A origem da palavra dieta é grega e quer dizer "estilo de vida". Quando cortamos radicalmente doces, massas e gorduras, em geral não conseguimos sustentar essa determinação e recuperamos rapidamente os quilos eliminados. Não adianta seguir um cardápio que não o faça feliz nem seja adequado à sua rotina. Busque novos hábitos respeitando seu paladar e suas prioridades. Estar aberto a experimentar sabores diferentes é fundamental.

Há inúmeros tipos de dietas de emagrecimento, como a da proteína ou a da sopa. Elas até apresentam resultados rápidos, mas não devem ser mantidas por períodos prolongados. Além de serem prejudiciais à saúde, são insustentáveis em longo prazo, porque a pessoa não aprende a comer corretamente. Neste capítulo, com orientação da nutricionista Virgínia Maria Barroso do Nascimento, diretora e nutricionista da Clínica de Orientação Nutricional (Clion), vamos aprender que uma dieta eficaz deve ser individualizada e considerar características culturais e físicas, idade, sexo, ambiente, doenças associadas e preferências.

APRENDENDO A COMER

Conhecer o valor calórico e a composição do que se come é fundamental. Apesar das inúmeras possibilidades e apresentações, a dieta balanceada concentra-se em itens básicos e vitais. São eles:

- Vitaminas e minerais: essenciais para o crescimento, restauração das células e funcionamento adequado do metabolismo.
- Fibras: reguladoras do funcionamento intestinal, da glicose e do colesterol.
- Carboidratos: de rápida absorção, oferecem energia para o organismo.
- Gorduras: fornecem energia concentrada e ajudam na produção de hormônios.
- Proteínas: imprescindíveis na formação e restauração de novas células e novos tecidos.

O ideal é dividir o consumo dos alimentos em três refeições completas e dois lanches intermediários diariamente. Esse hábito contribui para o controle da glicose, do colesterol e dos triglicerídeos, além de manter o metabolismo mais ativo. Ao consumir alimentos industrializados, leia bem o rótulo. Os valores ali descritos são baseados em uma dieta diária de 2 mil quilocalorias (Kcal), média estimada para adultos. Neste capítulo, você aprenderá a ler os rótulos de produtos alimentícios. É fácil.

Há ainda outras informações relevantes nos rótulos dos alimentos. Vamos saber quais:

- Valor energético: É a energia proveniente dos nutrientes dos alimentos: carboidratos, proteínas e gorduras totais. Na rotulagem nutricional, o valor energético é expresso em forma de quilocalorias (Kcal) e quilojoules (Kj).

  Obs.: Quilojoules (Kj) é outra forma de medir o valor energético dos alimentos, sendo que 1 Kcal equivale a 4,2 Kj.

- Carboidratos: São os componentes dos alimentos cuja principal função é fornecer a energia para as células do corpo, principalmente as do cérebro. São encontrados em maior quantidade em massas, arroz, açúcar, mel, pães, farinhas, tubérculos (como batata, mandioca e inhame) e doces em geral. Cada grama de carboidrato fornece 4 Kcal.

- Proteínas: São componentes dos alimentos necessários para a construção e manutenção dos nossos órgãos, tecidos e células. Encontramos em carnes, ovos, leites e derivados e nas leguminosas (feijões, soja e ervilha). Cada grama de proteína fornece 4 Kcal.

- Gorduras totais: As gorduras são as principais fontes de energia do corpo e ajudam na absorção das vitaminas lipossolúveis A, D, E e K. As gorduras totais referem-se à soma de todos os tipos de gorduras encontradas em um alimento, tanto de origem animal quanto de origem vegetal. Cada grama de gordura fornece 9 Kcal.

- Gorduras saturadas: Presentes em alimentos de origem animal. São exemplos: carnes, toucinho, pele de frango, queijos, leite integral, manteiga, requeijão e iogurte. O consumo desse tipo de gordura deve ser moderado porque, em grandes quantidades, aumenta o risco de doenças do coração. Alto percentual de Valores Diários (%VD) significa que o alimento tem alto teor de gordura saturada em relação à necessidade diária de uma dieta de 2 mil Kcal.

- Gorduras trans ou ácidos graxos *trans*: Encontradas em grandes quantidades em alimentos industrializados, como margarinas, cremes vegetais, biscoitos, sorvetes, salgadinhos prontos, produtos de panificação, alimentos fritos e lanches salgados que usam gorduras vegetais hidrogenadas em sua preparação. O consumo dessas gorduras deve ser muito reduzido, pois nosso organismo não precisa delas e porque aumentam o risco de doenças cardiovasculares. Não se devem consumir mais que dois gramas de gordura trans por dia. Fique atento ao ler os rótulos das embalagens. A gordura *trans* pode não aparecer na porção recomendada pelo produto e aparecer na lista de ingredientes. Isso ocorre porque a legislação não obriga o fabricante a mencionar a quantidade de gordura *trans* quando ela é menor que 0,2 g por porção na tabela nutricional.

- Fibras: Encontram-se em diversos alimentos de origem vegetal, como frutas, hortaliças, feijões e grãos integrais. A ingestão de fibras auxilia no funcionamento do intestino.

- Sódio: Está presente no cloreto de sódio (o sal de cozinha) e em alimentos industrializados, como biscoitos, salgadinhos de pacote, molhos prontos, embutidos e produtos enlatados com salmoura. Deve ser consumido com moderação. Caso contrário, aumenta a pressão arterial.

COMO LER UM RÓTULO DE EMBALAGEM

O Ministério da Saúde e a Agência Nacional de Vigilância Sanitária (Anvisa) têm cartilhas disponíveis em seus *sites*, que explicam o que são ingredientes, prazo de validade, conteúdo, lote, origem; o que os rótulos devem ter ou não, entre outros dados. Por exemplo: porção é a quantidade média do alimento que deve ser consumida por uma pessoa saudável. Outra informação importante é o %VD – número em percentual que indica quanto de energia e nutrientes o produto em questão fornece em uma dieta de 2 mil Kcal. Cada alimento tem um valor diferente para o VD.

O Ministério da Saúde informa que um alto %VD significa que o produto apresenta alto teor de determinado nutriente. Já os produtos com %VD reduzido indicam o contrário. Para ter alimentação saudável, prefira produtos com baixo %VD de gorduras saturadas, gorduras *trans* e sódio e opte por produtos com alto %VD de fibras alimentares.

Como já mencionado, as referências nos rótulos baseiam-se em uma dieta de 2 mil Kcal/dia em média, valor indicado para um adulto saudável. Para você entender os valores apresentados nos rótulos referentes à porcentagem equivalente no VD, segue a porção de cada nutriente para essa dieta:

Carboidratos	300 g
Proteínas	75 g
Gorduras totais	55 g
Gorduras saturadas	22 g
Colesterol	300 mg
Fibras	25 g
Cálcio	1.000 mg
Ferro	14 mg
Sódio	2.400 mg

Como exemplo, vamos usar um rótulo de biscoito integral para ilustrar. Nesse caso, o pacote de biscoitos tem nove unidades, em um total de 21 g e 92 calorias, correspondendo a 5% do VD.

NUTRIENTE	QUANTIDADE	% EQUIVALENTE NO VD
Carboidratos	14 g	5%
Proteínas	2,4 g	3%
Gorduras totais	3,1 g	6%
Gorduras saturadas	0,8 g	4%
Colesterol	0 g	0%
Fibras	1 g	4%
Sódio	136 mg	6%
Cálcio	0	0%
Ferro	0	0%

Para saber mais sobre alimentação saudável, consulte um nutricionista, e ele poderá usar a pirâmide para apontar os alimentos mais indicados e em que proporções devem ser consumidos. Em sua base estão cereais integrais (arroz, macarrão, pão, biscoitos, farinhas), óleos vegetais (em especial os azeites) e depois, gradativamente, verduras, legumes, frutas, carnes magras, peixes, aves, ovos e lácteos (leite e derivados). No topo e em mínima quantidade estão os doces, as carnes vermelhas e a manteiga. Lembre-se de que, na base da pirâmide, temos a hidratação (beba sempre muita água) e a prática de atividades físicas.

O que você precisa saber:

- Frutas, legumes e verduras são alimentos que aceleram o trânsito intestinal e, com isso, diminuem a exposição do intestino a agentes cancerígenos. O consumo de água e fontes de fibras insolúveis (cereais integrais, farelos, frutas, grãos, legumes e verduras) reduz em mais de 60% a prisão de ventre. Já os alimentos ricos em fibras solúveis, como a laranja e o mamão, se ligam à água e formam uma espécie de gel nos intestinos, diminuindo possíveis irritações.
- Trocar farinhas, cereais e grãos refinados por opções integrais ajuda no controle das taxas de colesterol, glicose e triglicerídeos. O consumo diário ideal de fibras é de 25 a 30 g.
- Mesmo saudáveis, as frutas são fonte de açúcares simples e de rápida absorção. De acordo com a pirâmide alimentar, três porções diárias estão de bom tamanho. O mito de que “fruta não faz mal” pode trazer desagradáveis surpresas para pessoas com diabetes ou intolerância à glicose. É importante mencionar que, quando misturadas, como em uma salada de frutas, por exemplo, o aproveitamento dos componentes específicos da fruta, como antioxidantes, pode diminuir, e

a quantidade de frutose que elas têm em comum aumenta. Portanto, o mais indicado é ingerir as frutas separadamente.

- Existem três fontes de gorduras alimentares: monoinsaturadas (óleos de oliva, amendoim, canola, abacate), poli-insaturadas (óleos de soja, milho, girassol, canola e açafrão, peixes de água fria, frutos do mar e castanhas) e saturadas (manteiga, toucinho, carne de porco, de boi, de cordeiro, ovos, leite e derivados). As duas primeiras são saudáveis para o coração, pela presença de ácidos graxos essenciais. A terceira é prejudicial e eleva o nível de colesterol quando consumida em excesso. As gorduras na dieta devem corresponder a 30% do total de calorias necessárias diariamente. Sua distribuição correta deve ser: 13% de monoinsaturadas, 10% de poli-insaturadas e 7% de saturadas.
- Certifique-se de que o alimento contenha pelo menos 2 g de fibras por porção ou 3 g por 100 g de alimento. As fibras presentes nos cereais integrais, nas frutas, nos legumes e nas verduras regulam os intestinos e reforçam a imunidade. Opte sempre pelo alimento integral (mesmo que o valor calórico seja um pouco maior), pois as fibras presentes ajudam a diminuir a absorção de glicose e colesterol.
- Para compor as refeições diárias, no café da manhã (uma das principais refeições do dia) opte por cereais, pães integrais, fruta, leite, queijo e iogurte. Eles aumentam a disposição.
- Um almoço saudável deve ter uma fonte de carboidrato e outra de proteína. O restante do prato, que representa a maior parte, deve ser preenchido com legumes e verduras.
- Para o jantar, priorize legumes, verduras, grãos integrais e carnes grelhadas ou assadas, com pouca gordura. Esse cardápio é de fácil digestão e ajuda a ter uma boa noite de sono.

NOVA PIRÂMIDE ALIMENTAR
O novo conceito de alimentação saudável
(Walter C. Willett)

Açúcares, doces, cereais refinados, batata e refrigerantes
Ricos em calorias / Baixos em nutrientes
Consuma esporadicamente

Manteigas, carnes vermelhas
Excessivos em gordura e calorias
Consuma esporadicamente

Laticínios ou suplementação de cálcio
Ricos em proteínas e cálcio
(opte por produtos magros)
Consuma de 1 a 2 vezes ao dia

Peixes, ovos, aves e mariscos
Ricos em proteínas e gordura
(retire as gorduras visíveis sempre que possível)
Consuma de 0 a 2 vezes ao dia

Leguminosas, legumes e oleaginosas
Ricos em vitaminas e fibras
Consuma de 1 a 3 vezes ao dia

Vegetais
Ricos em vitaminas e fibras (3 variedades diferentes por refeição)
Consuma em abundância

Frutas
Ricas em vitaminas e fibras
(sempre que possível, coma com casca)
Consuma de 2 a 3 vezes ao dia

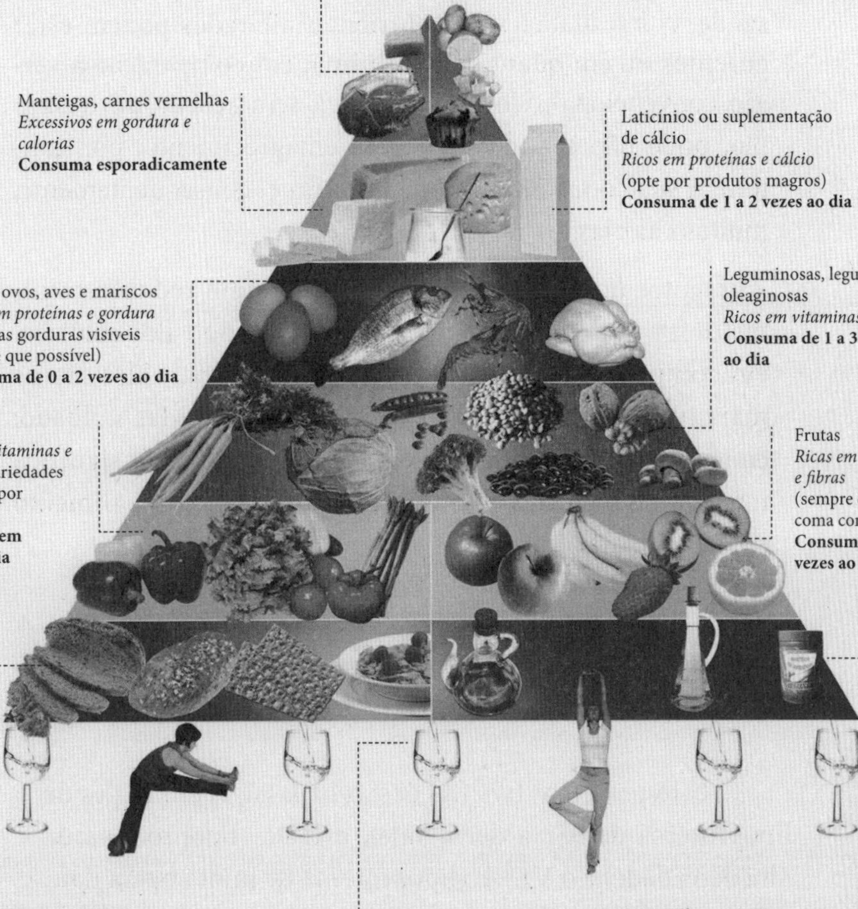

Cereais integrais
(pão, arroz, massa...)
Ricos em fibras (consulte as tabelas nutricionais das embalagens)
Consuma na maioria das refeições

Água e exercícios físicos diários
Tantos quanto quiser

Azeite, óleos vegetais
(canola, soja, milho, girassol, amendoim etc.)
Ricos em gordura poli-insaturada
Consuma na maioria das refeições

- Dê preferência a carnes magras (músculo de boi, patinho, alcatra, acém redondo). Retire a gordura aparente das carnes e a pele do frango. Tente aumentar o consumo de peixes. São uma carne branca de fácil digestão e ajudam na manutenção do peso. Prefira-os grelhados, assados ou cozidos.
- Alimentos *diet* são aqueles que tiveram sua composição modificada para atender a casos específicos de problemas de saúde, como diabetes. Os nutrientes alterados podem estar ausentes ou em quantidade mínima, em comparação à versão convencional. Um produto *diet*, sem açúcar, por exemplo, pode não ser indicado para emagrecimento, por conter em sua composição muita gordura e, consequentemente, muitas calorias.
- Alimentos *light* são aqueles que apresentam redução mínima de 25% em determinado nutriente ou no valor calórico, em comparação com o alimento convencional. Eles são os mais indicados para quem quer emagrecer. Mas cuidado: consumir grandes quantidades de alimentos *light* significa ingerir mais calorias do que as encontradas em um alimento convencional.

COLESTEROL: QUAL A DIFERENÇA ENTRE O BOM (HDL) E O RUIM (LDL)?

O colesterol tem três frações: o LDL (sigla em inglês de lipoproteína de baixa densidade), o HDL (lipoproteína de alta densidade) e o VLDL (lipoproteína de muito baixa densidade). O ideal é ter níveis elevados do colesterol HDL e níveis baixos do colesterol LDL. O valor de colesterol não HDL (ou seja, o colesterol total menos o colesterol HDL) no sangue deve ser menor do que 160 mg/dl (miligramas por decilitro). A maior parte do colesterol, cerca de 60%, é fabricada no fígado pela enzima chamada HMG. Ele participa de reações essenciais, como, por exemplo, a manutenção da integridade das membranas das células. Para fazer isso, o colesterol se liga a moléculas de gorduras e proteínas. A de baixa densidade, LDL, é ruim porque leva o colesterol do fígado para o sangue, entupindo as artérias. As drogas estatinas, usadas em tratamento de controle de colesterol, não deixam que a enzima HMG atue no fígado, e o órgão, por sua vez, faz mais receptores de LDL, reduzindo os níveis de colesterol ruim nas artérias. Como qualquer remédio, esses fármacos têm reações adversas. Então, é melhor não ter que precisar deles.

• PARA NÃO ESQUECER •

- Além de garantir maior disposição para o seu dia, uma alimentação saudável previne doenças, como câncer, diabetes e hipertensão.

- Não adianta seguir uma dieta altamente restritiva durante um tempo e depois voltar a comer normalmente. Tenha hábitos que você consiga manter por toda a vida.

- Leia os rótulos dos alimentos. Você pode se surpreender com o que anda comendo por aí.

UMA DICA

TE CUIDA!

Se você possui uma alimentação saudável, ou seja, variada e balanceada, não precisa de suplementos vitamínicos. Mesmo fornecendo nutrientes essenciais, essas fórmulas não são completas, não contêm fibras nem se comparam a um alimento natural. Cápsulas e substitutos alimentares sobrecarregam o fígado e os rins.

DIETA IDEAL

Você provavelmente já entendeu a importância de uma alimentação saudável, mas pode ainda ter dúvidas sobre como aplicar as ideias. Essa sensação é compreensível. São tantas opções de dieta, que fica difícil escolher uma. Por isso, é imprescindível contar com acompanhamentos médico e nutricional. Para esclarecer as principais questões em torno da dieta ideal, convidei o endocrinologista Amélio Godoy Matos, chefe do Serviço de Metabologia do Instituto Estadual de Diabetes e Endocrinologia (IEDE), para uma breve e relevante contribuição.

Fazer dieta engorda

A palavra dieta não está necessariamente relacionada com redução de calorias. Na realidade, ela se refere ao conjunto de alimentos consumidos por determinado grupo de pessoas. Por isso, ouvimos falar em dieta ocidental ou dieta do Mediterrâneo. O conceito de dieta para emagrecer gera uma interpretação errada, pois indica que essa alimentação só é necessária durante o período de emagrecimento. Em seguida, entendendo que pode voltar a comer normalmente, a pessoa cai no efeito sanfona. Por isso, sempre digo que quem faz dieta vive gordo!

O mesmo caso se aplica a uma dieta para tratamento do diabetes ou da hipertensão: a manutenção ao longo da vida é fundamental para o sucesso dos resultados. Por isso, tento sempre passar aos pacientes a importância de uma mudança de hábitos alimentares. Os antigos devem ser abandonados, para dar espaço aos novos e mais adequados às suas necessidades. Sem prazos, sem metas estipuladas. Trata-se de um novo estilo de vida.

Qual é a orientação alimentar ideal?

O ideal é sempre utópico. A orientação alimentar deve respeitar as características de cada um. Como somos diferentes, não existe lógica em definirmos um padrão alimentar único para todos. Há anos, estamos vivendo a ditadura da "dieta balanceada", que é a mais aceita pelas sociedades científicas. Em casos específicos, no entanto, ela deve ser contestada. Afinal, uma dieta que contém entre 50% e 60% de carboidratos, 15% de proteínas e 30% de gorduras não pode ser considerada balanceada para um diabético, por exemplo. Justamente porque mais da metade das calorias sugeridas nela vêm dos carboidratos, e o diabetes é a incapacidade de aproveitar esse nutriente.

Recentemente, as dietas de baixo teor de carboidratos ganharam espaço no mundo científico. Estudos sugerem que essa abordagem é mais eficaz para a perda inicial de peso, quando comparada às versões convencionais, inclusive com a de baixo teor de gordura. Para os diabéticos, ela é uma opção racional, porque os pratos ricos em proteínas lhes são mais convenientes do que os ricos em carboidratos, que elevam a glicose.

De modo geral, esquecendo casos específicos de doença, pode-se dizer que, independentemente da composição, o que importa para manter um peso saudável é reduzir as calorias da dieta. A iniciativa de diminuir a ingestão de carboidratos e aumentar o teor de proteínas é interessante porque, nesses casos, a sensação de saciedade aumenta, diminuindo a fome. Além disso, as proteínas gastam mais energia para ser metabolizadas.

Quanto às gorduras, o ideal é optar pelas poli-insaturadas (encontradas em peixes de águas frias, óleos de soja, milho, girassol, açafrão e canola, das castanhas e similares). Com a carne vermelha, o segredo é não abusar, consumindo de duas a três vezes na semana. No restante dos dias, a opção deve ser por aves e peixes. Para o açúcar, o cenário é outro. Ele não traz qualquer benefício à saúde, e estudos recentes sugerem que a sacarose e a frutose são tóxicas e deveriam estar ao lado do álcool e do tabaco nas campanhas de saúde pública. Alguns especialistas sugerem um imposto maior para produtos com açúcar refinado e gorduras sem valor nutritivo, que tiram energia, engordam e entopem vasos e artérias. A título de ilustração, é interessante saber que o brasileiro consome em média, por dia, de 500 a 600 quilocalorias em forma de açúcares e carboidratos. Ou seja, do total de calorias necessárias (2 mil Kcal em média para um adulto saudável), um quarto é de alimentos que pouco ajudam na nutrição.

Dietas da moda

Novos *best-sellers* sobre dietas surgem todos os dias. Fora isso, a cada edição, as revistas femininas trazem matérias contando os milagres de uma nova proposta. No entanto, em geral, não há grande suporte científico para essas práticas, apenas uma boa estratégia de *marketing*.

Vale a pena salientar aqui que o obeso nem sempre engorda porque quer ou por falta de determinação. A obesidade é uma doença de base genética, com forte influência do ambiente, levando a um comportamento alimentar inadequado. É comum observar que pessoas muito acima do peso acabam buscando soluções mágicas, submetendo-se voluntariamente a tratamentos duvidosos, frequentando consultórios de pseudoespecialistas e aderindo ao uso de fórmulas manipuladas. Assim, se por um lado existem fatores incontroláveis no que diz respeito à obesidade, por outro, cabe àqueles que sofrem da doença procurar tratamentos adequados e médicos de confiança para enfrentar o problema com a devida seriedade. Isso associado às mudanças de estilo de vida. Reeducação alimentar é apenas um componente dessas mudanças, mas, para reeducar a alimentação, são, frequentemente, necessárias outras mudanças, como dormir mais cedo, diminuir o nível de estresse, evitar a ociosidade, diminuir os compromissos sociais atrelados a jantares, coquetéis etc. Assim, poderemos favorecer um melhor comportamento alimentar.

USE OS ALIMENTOS A SEU FAVOR

O objetivo deste livro é um só: provar que uma vida saudável depende quase exclusivamente de nós mesmos. E, apesar de parecer difícil, são pequenas e prazerosas mudanças em nossas rotinas que vão fazer toda a diferença. Tento transmitir que o grande aprendizado é a busca do equilíbrio, e isso é o que pratico.

A ideia aqui não é proibir, mas mostrar como aproveitar o melhor de cada alimento e explicar a importância de restringir ou mudar certos hábitos e as vantagens que isso traz à saúde. Separei alguns itens polêmicos e amados da nossa alimentação – o café, o chocolate, o sal, o vinho e o azeite – para esclarecer certos mitos. O que você sabe sobre eles?

Café

O café é uma bebida natural e que aproxima as pessoas. Todo mundo conhece o hábito do "cafezinho". Você entra na casa de alguém, e a pessoa vai logo perguntando se você aceita um pouco. Quantos amigos não se encontram para tomar um café e pôr a conversa em dia, falar sobre a vida, rir e se divertir? Mas o café tem um componente conhecido e polêmico: a cafeína, um estimulante. Cerca de 80% dos adultos estão expostos a ela, que pode ser encontrada também no chá preto, no chá-mate, no chocolate, em refrigerantes tipo cola e em energéticos.

Por ser um estimulante, quando consumida em excesso, a cafeína pode causar irritabilidade, insônia, cólica e arritmias, além de prejudicar a absorção de ferro, cálcio e magnésio quando ingeridos em uma mesma refeição. Então, fique atento ao hábito de beber um cafezinho logo após as refeições. A sugestão é ingeri-lo uma hora depois de comer. O uso exagerado da substância – mais de 500 mg por dia – é chamado de cafeinismo. Se consumida com moderação, a cafeína age como antioxidante das células e ainda tem efeito antidepressivo. Estudos relacionaram a diminuição do risco de depressão ao hábito de beber café.

Outro tema relacionado ao café é a pressão arterial. As pesquisas nessa área são controversas. Enquanto alguns estudos demonstram que mais de dez xícaras de café por dia podem provocar discretas elevações na pressão, outros evidenciam que a bebida reduz esses níveis. O fato é que, em pequenas doses (cinco expressos por dia no máximo), o café não provoca alterações significativas na pressão arterial nem na saúde. Moderação é, portanto, a palavra de ordem.

QUANTIDADE DE CAFEÍNA NOS ALIMENTOS:

Chocolate preto (30 g) .... 20 mg
Refrigerante tipo cola (lata) .... 45 mg
Café expresso (60 ml) .... 45-60 mg
Energético (lata) .... 80 mg

Chocolate

Você já ouviu falar em alimentos funcionais? Na última década, eles ganharam destaque e se caracterizam por ter, além da função nutritiva, propriedades potencialmente terapêuticas. Um deles é o chocolate. Amado pela maioria das pessoas, até bem pouco tempo ele era praticamente banido da dieta dos que sofriam com problemas cardíacos.

Foi observando os índios Kuna, do Panamá, que cientistas concluíram que produtos ricos em cacau poderiam ser benéficos. Essa tribo consome grande quantidade de bebidas à base da fruta e apresenta baixos índices de mortalidade por doença cardiovascular. As pesquisas intensificaram-se no fim da década de 1990, e descobriu-se que derivados do cacau são ricos em flavonoides, substâncias antioxidantes.

Os flavonoides retardam ou impedem parcialmente a oxidação, evitando, assim, que o colesterol ruim (LDL) forme placas degenerativas nas paredes arteriais (o endotélio). Foi comprovado que, em comparação com outros alimentos ricos dessa substância, o chocolate é o campeão. Ele ajuda a elevar o colesterol bom (HDL), tem efeito anti-inflamatório e reduz a pressão arterial.

No entanto, antes que você corra para abrir uma barra de chocolate, é preciso esclarecer alguns pontos:

- Todos os benefícios do chocolate estão relacionados com a sua versão amarga, que tem teor de cacau superior a 60%. Os outros tipos de chocolate são ricos em leite, que, por sua ação no intestino, diminuem a absorção dos flavonoides.

- O chocolate branco não contém massa de cacau, apenas a manteiga que é a porção gordurosa do fruto.

- O chocolate é uma substância extremamente calórica, com mais de 500 quilocalorias em apenas 100 g de produto. A ingestão de 40 g por dia já é suficiente. Entretanto, para os que precisam perder peso, essa quantidade deve ser ainda menor.

- O chocolate também é rico em gordura saturada e açúcar (principalmente o branco e o ao leite). Ou seja, nada de exageros.
- Existe ainda o chocolate *diet*, que não contém açúcar, destinado aos diabéticos. Por outro lado, contém maior gordura que a versão convencional.

Sal

Além de deixar a comida com sabor especial, o cloreto de sódio (mais conhecido como sal) conserva os alimentos e, por conta da adição de iodo em sua fórmula, representa uma medida eficaz de prevenção do bócio, a doença da tireoide. Então, por que seu consumo é tão criticado? A resposta é simples: o problema está no abuso. Enquanto a Organização Mundial da Saúde (OMS) recomenda até 5 g por dia, no Brasil esse valor chega a 11 g. Estamos na frente inclusive dos Estados Unidos, que, mesmo com sua cultura de comidas processadas e *fast-foods,* consomem em média 8,7 g por dia.

O problema não é o sódio em si, até porque ele é necessário para a absorção intestinal de glicose e outras substâncias; a distribuição de líquidos dentro e fora das células e ainda a transformação e o recebimento de impulsos neurológicos. Só que sua eliminação ocorre através dos rins. Em excesso, eles terão que filtrar mais sangue por minuto, ficando exauridos. Lembre-se de que há outros temperos tão saborosos quanto o sal e mais saudáveis.

E aqui mais uma vez reforço a necessidade de prestarmos atenção aos rótulos. Uma porção de 100 g de pão de queijo, por exemplo, pode conter 773 mg de sal, enquanto a mesma quantidade de batata *chips* (industrializada) contém cerca de 600 mg. É sal demais. Tramita na Câmara dos Deputados um projeto de lei que determina a inclusão dos dizeres "este alimento tem quantidade elevada de cloreto de sódio (sal de cozinha)" na embalagem dos produtos que contenham mais de 400 mg de sódio a cada 100 g ou ml. Diversos setores da sociedade, incluindo a indústria de alimentos, o Ministério da Saúde e as sociedades médicas, participam de campanhas e apoiam iniciativas para a redução do consumo de sódio no Brasil.

Os efeitos do consumo excessivo do sal levam à retenção de líquidos, elevação da pressão arterial, osteoporose (ossos fracos) e câncer gástrico. Em um estudo americano, um grupo de hipertensos foi submetido a uma dieta pobre em gordura e rica em frutas, vegetais e grãos integrais. Havia três níveis de adição de sódio, e o grupo que recebeu o menor teor (1,5 g ao dia) foi o que apresentou maior redução na pressão arterial. Isso é de extrema importância, já que a hipertensão é um grande fator de risco para doenças como infarto, acidente vascular cerebral e insuficiência cardíaca.

DICAS PARA REDUZIR O CONSUMO DE SAL

- Evite deixar o saleiro na mesa. Depois que a comida já estiver temperada, não coloque mais sal.
- Evite temperos prontos (industrializados). Para dar sabor à comida e diminuir a necessidade do sal, utilize cebola, ervas aromáticas, alho e limão.
- Nos restaurantes, opte por pratos com menos sal.
- Bebidas *diet*, *light* ou zero costumam ter adoçantes que podem conter sódio. Os mais conhecidos são sacarina sódica e ciclamato de sódio. Fique atento!
- Sempre leia os rótulos dos alimentos processados ou industrializados.

Azeite

As gorduras provenientes dos alimentos devem representar 30% do total de calorias ingeridas diariamente, diz a especialista Fernanda Mattos. Porém, para uma alimentação saudável, é essencial substituir o consumo de gorduras saturadas por gorduras monoinsaturadas, como aquelas encontradas no azeite. A Organização Mundial da Saúde constatou que esse tipo de óleo é um aliado da saúde; afinal ele reduz o colesterol ruim (LDL) e ajuda a prevenir doenças cardiovasculares, pois contém alto teor de ácidos graxos monoinsaturados. Também pode reduzir a resistência à insulina (quando nosso corpo não consegue usar a própria insulina de forma eficaz, é o pré-diabetes) e tem efeito anti-inflamatório. Além disso, o azeite é fonte de vitamina E, que tem propriedades antioxidantes e combate os radicais livres, retardando o envelhecimento celular, comenta Fernanda Mattos, mestre em Ciências pela Universidade Federal do Rio de Janeiro (UFRJ). O consumo em quantidades moderadas e durante toda a vida é uma escolha saudável e traz benefícios, como a diminuição do risco de câncer de mama.

Mas atenção: isso não significa que você pode usar "rios" de azeite em seu prato. Por ser uma fonte de gordura, ele é bem calórico (9 Kcal por 1 ml). O ideal é consumi-lo cru ou em preparações cozidas rapidamente, evitando seu uso em frituras, por exemplo. O consumo em excesso, além de provocar alterações gastrointestinais, como diarreia e vômito, prejudica a perda de peso. Para aproveitar todos os benefícios do azeite, devem-se usar, no máximo, duas colheres de sopa por dia (90 calorias). Quanto menor a acidez do azeite, maior será o seu valor nutricional.

Vinho

Desde 450 anos antes de Cristo o vinho já era considerado uma bebida saudável. Em Roma, foi usado como desinfetante para tratar as feridas dos gladiadores. Em 1865, o cientista francês Louis Pasteur afirmou que ele era a mais higiênica das bebidas. No mundo moderno, foi na década de 1990 que o vinho ganhou *status* de protetor do coração, principalmente o vinho tinto, rico em um potente antioxidante: o resveratrol. Encontrado na casca da uva, eleva o colesterol bom, baixa a pressão arterial, rejuvenesce as artérias, ajuda a controlar a glicose no sangue e, em laboratório, impediu a multiplicação de células cancerígenas, segundo pesquisadores da Universidade da Calábria.

De acordo com estudiosos, os melhores vinhos são os tintos de uvas Tannat, Merlot e Cabernet Sauvignon, porque contêm maior teor de resveratrol. Além dele, os vinhos são ótimas fontes de ferro, zinco, cobre, cromo, selênio, cobalto, iodo, manganês, molibdênio e flúor.

Mas não se iluda pensando: "Se beber uma taça é bom para o coração; então é melhor tomar logo a garrafa toda". Há uma curva que correlaciona a quantidade de álcool ingerida com a mortalidade cardiovascular. Em baixas doses (150 ml para mulheres e 225 ml para homens por dia), o vinho protege as nossas artérias e o nosso coração, mas em doses elevadas ele aumenta a pressão e os riscos de derrame. Ou seja, vinho em excesso faz mal. Lembre-se de que o vinho contém álcool, que é tóxico e um agressor do fígado.

Por falar nisso, um problema relacionado ao álcool é a definição do que é consumo moderado. Isso porque varia muito de pessoa para pessoa. Uma pesquisa recente, envolvendo quase 6 mil adultos com idade entre 35 e 75 anos, comparou a mortalidade cardiovascular do grupo dos abstêmios com a do grupo dos que bebiam regularmente. O grupo que bebia entre 7 e 13 taças de vinho por semana apresentava mortalidade inferior ao grupo que não bebia. Quando esse número ultrapassava 14 taças semanais, a mortalidade era maior do que nos outros dois grupos. Em doses elevadas, portanto, o efeito protetor do vinho é superado pelo efeito negativo.

Ovos

Eles não devem ser consumidos em excesso, pois possuem muita gordura de alimento animal. A gema, ainda que rica em colesterol, apresenta colina, nutriente vital para o bom funcionamento do cérebro e raro em outros alimentos. Outra justificativa para o seu consumo é a presença do aminoácido triptofano, um componente precursor da serotonina, substância associada à sensação de prazer. O ovo ajuda a prevenir doença degenerativa da mácula dos olhos na velhice, pois é fonte dos antioxidantes luteína e zeaxantina, protetores da visão. Portanto, consumir ovos com parcimônia, como uma omelete de dois ovos em uma das refeições no lugar de outro alimento animal, pode completar as exigências nutricionais de uma dieta equilibrada.

• PARA NÃO ESQUECER •

- O consumo moderado de café não prejudica a nossa saúde e pode até ajudar na prevenção de algumas doenças.

- Por outro lado, o consumo excessivo de cafeína pode fazer mal. Fique atento, pois, além do café, ela está presente em refrigerantes tipo cola, mate, energéticos, entre outros.

- Apesar de suas funções benéficas, o chocolate só deve ser consumido por prazer e em pequenas porções. Jamais o trate como remédio. Os benefícios estão relacionados à ingestão de chocolate com teor de cacau acima de 60%. Dê preferência ao amargo. Caso você seja diabético ou esteja acima do peso, converse com o seu médico ou nutricionista antes de incluir o chocolate no cardápio.

- O ideal é não consumir mais do que 5 g de sal por dia ou 2 g de cloreto de sódio. Aprenda a ler os rótulos. A maior parte do sal que consumimos já vem adicionada aos alimentos prontos.

- Os benefícios do consumo de vinho estão relacionados a uma série de fatores, sendo o principal deles a moderação. Os antioxidantes presentes no vinho variam muito de acordo com o tipo da bebida. O tinto é o mais indicado.

- O azeite é um alimento calórico. Para aproveitar seus benefícios, lembre-se de consumi-lo com moderação.

O senhor ronca?
Raramente...
Só quando ele dorme.

2. BEM-ESTAR: EM BUSCA DE UMA VIDA PLENA E SAUDÁVEL

Bem-estar é nosso objetivo primordial. A maioria das pessoas quer longevidade com saúde, uma vida plena, saudável e o sentimento de realização. Mas esse é um conceito subjetivo, pois o que me torna pleno nem sempre é o mesmo que deixa o outro feliz. Porém, algumas medidas simples valem para todos que buscam qualidade de vida.

SONO

Ter um sono reparador está no topo dessa lista. Quem dorme mal vive cansado, de mau humor, desatento, não rende, envelhece. E entre as principais causas de noites maldormidas estão a síndrome de apneia obstrutiva do sono (episódios repetidos de obstrução completa ou parcial das vias aéreas em qualquer fase do sono, interrompendo por alguns segundos a respiração), a insônia, que tem várias causas (ansiedade, depressão, estresse, dor muscular e/ou articular, uso de medicamentos), e o ambiente de dormir inadequado. O especialista em pneumologia pela Pontifícia Universidade Católica do Rio de Janeiro (PUC-RJ) Gunther Kissmann ajuda-nos a entender um pouco mais sobre essas causas.

Segundo pesquisas da Associação Brasileira do Sono, 24% dos homens e 18% das mulheres de meia-idade roncam – um sinal de sono de péssima qualidade. Esse índice atinge 60% deles e 40% delas na terceira idade. Dos distúrbios do sono, a apneia é o mais frequente. Ela causa má oxigenação do cérebro, do coração e de outros órgãos. Os episódios podem ocorrer dezenas de vezes durante a noite, e, para avisar que tem algo errado, o cérebro força o despertar, fragmentando o sono, especialmente na fase REM (sigla em inglês de movimento rápido dos olhos, o período dos sonhos, essencial para recuperação do organismo).

Quem sofre de apneia pode acordar sobressaltado e se engasga com a falta de ar; e o transtorno aumenta o risco de infarto, acidente vascular encefálico (derrame), hipertensão, falhas de memória e disfunção erétil (a impotência sexual). Neste caso, a deficiência de oxigenação interfere na produção de óxido nítrico, um elemento importante no mecanismo de ereção. É na fase REM que ocorrem as ereções espontâneas e necessárias para o bom funcionamento do pênis.

Isto foi visto também no estudo Episono, em 2007, no qual foram entrevistadas 1.042 pessoas na cidade de São Paulo/SP. Os autores constataram que um terço dos paulistanos sofria de apneia do sono, com diagnóstico confirmado. O mesmo estudo mostrou que 17% dos homens se queixavam de disfunção erétil. Na faixa etária entre 20 e 29 anos, 7% relataram o problema, e, acima de 60 anos, 60% apresentavam impotência. Detalhe: quem tinha menos sono REM reclamava mais de falhas de ereção. E mais: há indícios de que a falta de sono causa estresse oxidativo (oxidação do organismo), alterações cardiovasculares, maior risco ao diabetes e a outros problemas, antes só diagnosticados depois dos 60 anos.

Portanto, é importante cuidar bem do sono desde bebê. Pais devem observar, por exemplo, se os seus filhos respiram pela boca, uma alteração prejudicial ao desenvolvimento saudável. Pesquisas também já relacionaram a privação do sono a uma menor ação do nosso sistema imunológico, inclusive em curto prazo.

A quantidade de sono necessária é determinada geneticamente, porém, a maioria de nós se mantém saudável com sete a oito horas por noite. Então, consulte seu médico sempre que suspeitar de que está dormindo mal ou passa o dia cansado. Se estiver com alguma queixa de ronco e/ou apneia, insônia, bruxismo (do grego *brychein*, ranger de dentes) e síndrome das pernas inquietas (sensação de formigamento que dificulta adormecer), converse com seu clínico. Ele poderá encaminhá-lo a um especialista em sono. Fatores como ansiedade, depressão, estresse, alterações hormonais, estreitamento de vias aéreas, relaxamento da musculatura da faringe, amígdalas grandes, língua volumosa, céu da boca alongado, pescoço largo, alterações na maxila e excesso de peso afetam o sono. A consulta será complementada com exame de polissonografia, que avalia várias funções no sono e, geralmente, é feito em clínica especializada. No caso de apneia leve, seu médico poderá indicar uso de aparelho bucal, que facilita a passagem de ar pela garganta, reduzindo o ronco. No caso de apneia moderada ou grave, a saída poderá ser o uso de CPAP (sigla em inglês de pressão positiva contínua nas vias aéreas) com máscara nasal, ao dormir. Esses dispositivos aumentam o fluxo de ar, melhorando a respiração.

E não se esqueça de estabelecer horários regulares para dormir e acordar; evite ir para a cama sem sono; crie um ambiente confortável, com pouca luminosidade e pouco ruído; sem televisão, computador, aparelhos que fecham a "janela do sono" ou trazem ansiedade. Quanto à alimentação, nada de comidas pesadas ou estimulantes (bebidas à base de cafeína, como café, chá preto, chocolate e refrigerante) perto da hora de se deitar. O mesmo vale para o álcool e o tabaco. A prática de atividades físicas é benéfica para a saúde, mas quando elas são intensas e praticadas à noite prejudicam o sono. Os exercícios aceleram o organismo, dificultando o relaxamento. O tratamento de distúrbios dependerá do diagnóstico, mas pode incluir especialidades como neurologia, otorrinolaringologia, pneumologia e psiquiatria.

TEMPO

Outro fator crucial para que os indivíduos alcancem o bem-estar é o tempo. Como estamos falando de um recurso finito, limitado, quanto melhor se souber administrá-lo a nosso favor, usando-o da forma mais racional possível, mais qualidade terá o nosso dia a dia.

É preciso planejar o tempo com cuidado e bom senso, para que haja equilíbrio saudável entre trabalho e lazer, por exemplo. Se não deixarmos tempo para tirar férias, para uma atividade física ou para brincar com os filhos, seremos "engolidos" pelos compromissos profissionais e sociais, os quais nos são muitas vezes penosos.

Aparentemente, desde que Benjamin Franklin disse a famosa frase "*Time is money*" ("Tempo é dinheiro"), no século XVIII, passamos a cuidar melhor do nosso dinheiro do que do nosso tempo. Podemos perder dinheiro ao longo dos anos e recuperá-lo depois, mas o tempo, uma vez passado, não volta. ***Tempo é vida.*** Ouço muitas pessoas dizerem que não têm tempo, mas, teoricamente, todos nós dispomos do mesmo saldo de 24 horas para gastar em um dia, certo? Então por que alguns conseguem trabalhar, se exercitar, ler, brincar com os filhos e outros não? A resposta é que o tempo não é igual para todos, pois alguns têm o relógio trabalhando a seu favor.

Com planejamento, é possível organizar as suas horas, de modo a aproveitá-las ao máximo. Inicialmente, vale a pena entender por que o tempo não é igual para todos. A minha secretária mora longe do trabalho e gasta três horas do seu dia no deslocamento. Enquanto isso, eu trabalho a cinco minutos da minha casa. Isso me permite dispor de cerca de duas horas e meia a mais do que ela. Eu posso usar esse tempo para fazer exercícios físicos ou para ler, por exemplo, mas ter essas horas extras não me garante uma saúde melhor se eu não souber como aproveitá-las. Imagine que, mesmo com o dia corrido, minha secretária acorde cedo e se exercite antes de ir para o trabalho. Eu, por outro lado, posso resolver aproveitar minha vantagem no cronômetro para trabalhar mais. No fim, quem parece ter aproveitado melhor o seu tempo? Claro que, para montar uma rotina de exercícios diários, ela vai precisar ser mais esforçada e determinada do que eu. Mas se, mesmo com essa desvantagem, ela o fizer e eu não, a sua qualidade de vida será melhor do que a minha. Apesar da rotina corrida, do ponto de vista da saúde é ela quem sai ganhando.

O primeiro passo para aprender a administrar melhor o nosso tempo é reconhecer que algumas mudanças precisam ser feitas. É hora de abandonar hábitos centralizadores, ou seja, achar que somente nós temos capacidade para resolver determinados problemas. É preciso aprender a delegar funções para outras pessoas, quando necessário; priorizar tarefas e estipular tempo para terminá-las.

Às vezes me pergunto se por medo de curtir o nosso tempo livre não estamos sempre buscando novas ocupações. Ou, se pelo excesso de informações e pelo vício em novas mídias sociais, como Twitter e Facebook, não estamos sempre com a sensação de que precisamos acompanhar tudo o que acontece e, portanto, não sobra tempo para mais nada.

Outro fator que atrapalha o melhor aproveitamento do tempo é o ambiente em que vivemos. Na sociedade consumista que prevalece à nossa volta, desejos de comprar são introjetados em nós todos os dias. Para supri-los, precisamos gastar mais e, para cobrir esses gastos, mergulhamos no trabalho. O preço que pagamos é que não sobra tempo para fazer as coisas de que mais gostamos, como estar com pessoas queridas, ficar de pernas para o ar ou fazer aquela viagem tão sonhada. Somos estimulados a juntar bens, riqueza... Mas será que acumulamos na mesma medida experiências memoráveis?

Costumo dizer aos meus pacientes que encaro o tempo de duas maneiras: o tempo prioridade e o tempo preferência. O primeiro é racional e funciona assim: por exemplo, tenho que entregar minha declaração de Imposto de Renda até o fim do mês, então direciono o meu tempo e me programo para isso. Já o tempo preferência está ligado ao coração, às nossas emoções, ao que temos prazer em fazer. É quando você destina seu tempo a cada 15 dias, por exemplo, para tocar música com os amigos ou quando uma vez por mês faz um trabalho assistencial.

Eis algumas dicas para aproveitar melhor o tempo:

- Não caia na armadilha do consumismo. Quando é preciso trabalhar mais para pagar contas, seu tempo fica ainda mais escasso.
- Adote o hábito de usar agenda (de papel, eletrônica ou no próprio telefone). Assim você poderá planejar melhor o seu dia.
- Não encha a agenda com vários compromissos próximos uns aos outros. Vejo pessoas marcarem três eventos em uma mesma noite tentando agradar a todos os amigos. Só

o que conseguem com isso é aumentar o nível de estresse e acabam não agradando a ninguém.

- Evite cafés da manhã, almoços ou jantares de negócios. É claro que às vezes não há como escapar desses compromissos, mas fazer disso uma rotina pode ser muito prejudicial. Transforme o horário das refeições em um momento agradável e de descanso para a sua mente.
- Procure aproveitar os programas com plenitude, ou seja, não vá, por exemplo, a um aniversário e fique olhando a cada cinco minutos para o relógio, pensando no que precisa fazer depois dali. Assim você nunca consegue desfrutar de verdade dos momentos. Às vezes, é melhor não comparecer a certos eventos do que agir dessa forma. Pense como é horrível conversar com alguém e ter a sensação de que a pessoa quer se livrar de você o quanto antes.
- Aprenda a dizer não. Tentar abraçar o mundo, aceitando todos os convites que lhe chegam, é garantia de viver correndo de um lado para outro e sem tempo para se dedicar ao que você realmente gosta.

Dizem que, na primeira fase da nossa vida, não temos dinheiro, mas temos tempo e saúde. Na segunda fase, temos saúde e dinheiro, mas não temos tempo. Já na terceira, temos tempo e dinheiro e nos falta saúde. Ou seja, na segunda fase, em que o tempo é mais escasso, estamos produzindo e trabalhando mais, por isso não aproveitamos tanto. Não estou dizendo que o segredo é parar de trabalhar, afinal todos precisam produzir para se sustentar, e crescer profissionalmente também é prazeroso. O importante é ter bom senso e buscar o equilíbrio. Trabalhe para viver em vez de viver para trabalhar. Vários autores já demonstraram que felicidade e bem-estar não estão relacionados ao dinheiro, por mais que muitos pensem o contrário. Se fosse tão simples assim, pessoas muito ricas nunca apresentariam quadros de depressão ou problemas psicológicos. Portanto, mude o foco: passe a encarar o tempo - e não o dinheiro - como o seu maior ativo.

• PARA NÃO ESQUECER •

- Tempo é vida e não está à venda.
- Sempre que possível, delegue funções. Não seja centralizador, achando que só você é capaz de fazer determinada atividade ou tarefa.
- Planeje e organize o seu dia, deixando sempre folgas ou horários livres para fazer aquilo que gosta. O lazer também precisa ser programado.

HOBBY

Depois de falar um pouco sobre a importância do sono e do tempo para o nosso bem-estar, acho importante mencionar o *hobby* como mais um elemento capaz de nos proporcionar momentos de qualidade, de plenitude. Trata-se de algo que às vezes fica um pouco esquecido, deixado para quando eventualmente "sobra um tempo". No entanto, o *hobby* também exige planejamento; é preciso reservar espaço na agenda para relaxar, para rir sozinho, rir de si mesmo. São momentos positivos capazes de contrabalançar as emoções negativas que fazem parte de nossa vida, logo, mostram-se fundamentais também para a prevenção de doenças.

Hoje em dia há quem sinta culpa quando está sem fazer nada ou quando está fazendo apenas o que lhe dá prazer. Mas vale lembrar que às vezes fazer nada é fazer muito; é olhar para si mesmo, enxergar o mundo com um olhar menos apressado, mais contemplativo.

O *hobby* ajuda a relaxar, a esquecer as dificuldades do dia a dia, a levar a vida com mais leveza. Vejamos outras características desse fator que contribui de forma inegável para o nosso bem-estar.

Um momento para chamar de seu. Quando uso a palavra *hobby*, é essa a ideia que me vem à mente. Todo mundo deve dedicar parte de seu tempo a algo que lhe dê prazer. O tipo de atividade é o que menos importa: a opção pode incluir desde práticas bem tradicionais, como jardinagem e pintura, até consertos de carro, restauração de objetos antigos, montagem de álbuns de viagens ou estudo de línguas mortas, como o latim.

A regra aqui é que não há regra. Seus preciosos minutos devem ser usados para relaxar, esquecer os problemas e recarregar as energias. A prática de um *hobby*, atividade ligada exclusivamente ao lazer, entraria no conceito de tempo preferência. Trata-se do momento do dia em que aplicamos nosso tempo para fazer somente o que temos vontade.

No meu primeiro contato com um paciente, solicito sempre que ele preencha um pequeno questionário, a partir do qual busco informações diversas e aproveito para fazer perguntas específicas sobre os momentos dedicados ao lazer. Fico surpreso ao ver que, muitas vezes, o espaço para essa resposta fica em branco. É comum escutar frases do tipo: "Doutor, trabalhar é o meu maior prazer, trabalho 12 horas por dia e me sinto feliz". É ótimo ter uma ocupação profissional que lhe dê prazer, fazer planos e ter objetivos na vida, mas é muito preocupante não sentir prazer em ficar com a família, em viajar, ir ao teatro ou ao cinema, por exemplo.

Quando nada fora do ambiente profissional lhe traz felicidade, é preciso parar para entender os motivos disso. Pode ser que a sua vida pessoal não esteja tão harmônica e equilibrada, fazendo com que você corra para o escritório para fugir dos problemas em casa. O fato é que empurrar a sujeira para debaixo do tapete não ajuda em nada. Nesses casos, o tempo gasto com o *hobby* pode ser fundamental para pensar na vida com certo distanciamento crítico.

Que tal dar aos momentos de folga o mesmo valor que você dá ao trabalho? Afinal, planejamento e dedicação são importantes em tudo na vida, e as pausas na rotina são fundamentais para manter em dia a saúde física e mental. As férias, por exemplo, apesar de muito importantes, ocorrem na maioria dos casos apenas uma vez ao ano. Se você só busca momentos de lazer durante as férias, é provável que passe o restante dos meses estressado e trabalhando no limite. Pequenas "escapadas" na rotina, por meio da prática de um *hobby*, ajudam no controle da ansiedade. Portanto, nada de negligenciar suas horas de folga. Acredite: o retorno positivo para sua vida será incalculável.

Quantas vezes, durante um momento de lazer, você não faz reflexões e encontra a solução para determinado problema? Isso ocorre porque nessas horas sua mente está livre de preocupações e consegue enxergar melhor as sutilezas de cada situação. Até para cultivar as amizades, as folgas são necessárias. Sabe aquele amigo que o convidou para um cinema e você disse que não podia? Na segunda vez, ele propôs um almoço e você respondeu que estava muito ocupado. Saiba que, talvez, não haja uma terceira tentativa. Amizade também depende de disponibilidade de tempo. Faça uma reflexão sincera e bem honesta e veja se o seu tempo livre tem sido suficiente.

O livro *The top five regrets of the dying* (*Os cinco maiores arrependimentos à beira da morte*), da enfermeira australiana Bronnie Ware, mostra que muitas vezes só nos damos conta do tempo perdido quando já é tarde demais. Bronnie, que trabalhava diariamente com pacientes em fase terminal de câncer, retirou de seu aprendizado e do convívio com os doentes a inspiração para o livro. Segundo ela, as principais queixas de uma pessoa no fim da vida são:

- Queria ter estado mais perto dos meus amigos.
- Queria ter me feito mais feliz.
- Não devia ter trabalhado tanto.
- Queria ter vivido a vida que eu desejava, não a que os outros esperavam de mim.
- Queria ter tido maior coragem para expressar os meus sentimentos.

De certa forma, todos esses arrependimentos estão relacionados aos males contemporâneos da falta de tempo. Eduque-se para inserir na rotina os momentos de lazer, sem culpa. E lembre-se: a palavra ócio, geralmente interpretada de maneira negativa, pode ser fundamental e de grande valia para a sua vida. Por isso, recomendo o livro *O elogio ao ócio*, de Bertrand Russell, Prêmio Nobel de Literatura. Que tal ser esse o seu próximo livro?

• PARA NÃO ESQUECER •

- Seja qual for a atividade que você escolher como *hobby*, saiba que ela ajudará a melhorar sua qualidade de vida e até o relacionamento com a família e com os amigos.

- Momentos de lazer também exigem planejamento. Dedique-se a eles; todos nós merecemos uma pausa.

- Se você trabalha demais e, aparentemente, não sente falta de estar com a família, os amigos ou mesmo de se dedicar a outra atividade, é bom começar a se preocupar. Pode até não perceber, mas deve estar vivendo no limite do estresse.

- Uma das poucas certezas da vida é esta: o tempo não volta.

TESÃO

Por último, mas igualmente importante, não poderia deixar de mencionar o tesão como um dos grandes responsáveis pelo bem-estar dos indivíduos. Penso em tesão como motivação, como elemento que nos move, estimula o movimento, o sair da zona de conforto. Às vezes, em nome de segurança, de estabilidade, percebo que muitos pacientes abrem mão de fazer o que lhes dá tesão, resignando-se a profissões burocráticas, nada desafiadoras, ou permanecendo em relacionamentos já desgastados, sem sentido. Passam anos e anos acordando sem motivação alguma para ir trabalhar, pensando apenas no dia da aposentadoria. Ou ficam casados por décadas e décadas por uma simples questão de acomodação.

Todos nós temos direito ao prazer e deveríamos buscá-lo em tudo o que fazemos. Nesse sentido, o medo é o grande inimigo: o medo de romper certas barreiras, de quebrar expectativas, de decepcionar os outros. É preciso superar essas inseguranças, pois quando passamos a desempenhar nossas tarefas com tesão, tudo começa a fazer mais sentido: seja como estudantes, seja como companheiros, seja como pais ou como profissionais. Privar-se do tesão é renunciar aos prazeres da vida.

O termo "tesão" é muito abrangente e vai bem além do cunho sexual a que uma primeira acepção pode remeter. Quando temos tesão no que fazemos, acabamos desempenhando muito melhor nossos papéis, seja como amantes, pais, estudantes ou profissionais. Claro, o tesão está diretamente relacionado com a autoestima e com a motivação, e isso varia muito ao longo da vida, dependendo da época e das circunstâncias. Diante de um paciente que chega ao meu consultório desmotivado e sem vontade de fazer nada, procuro investigar se há algum indício de depressão ou doença que justifique esse quadro, como hipotireoidismo ou anemia.

Descartadas essas hipóteses, busco me informar mais sobre a sua vida. Quero saber se ele tem lido, saído com os amigos, viajado. Na verdade, quero entender mais sobre o tesão dele pela vida. Resgatar essa centelha é o que me interessa, pois para qualquer passo que exija uma mudança de hábitos ela será totalmente necessária.

Quem nunca escutou frases como estas:

- **Queria tanto emagrecer, mas não consigo**: Em geral, as pessoas querem perder os 15 quilos acumulados nos últimos dez anos em apenas três meses. Quando as metas ficam muito acima do que se consegue atingir e, claro, diante de maus resultados, a motivação acaba cedendo espaço à frustração.

- **Queria tanto aprender inglês, mas parece impossível**: Em quatro meses de curso ninguém aprende a falar fluentemente, por mais que algumas campanhas publicitárias tentem nos convencer do contrário. Determinação e empenho são necessários para atingirmos qualquer objetivo na vida.

- **Queria muito usar o computador, mas não tenho jeito para essas coisas eletrônicas e de informática**: Nossos maiores inimigos podem ser nós mesmos. Conceitos e resistências internas são difíceis de quebrar. Quando você começa jogando para perder, é complicado virar o jogo. A sede de aprender e de acumular conhecimento é sempre positiva. Portanto, para manter a centelha sempre acesa, o ideal é estipular metas viáveis, possíveis de serem alcançadas.

Pensemos no sucesso, por exemplo, que pode ser encarado de muitas maneiras. O imaginário da maior parte das pessoas o relaciona ao dinheiro. Ou seja, para alguém ser bem-sucedido, precisa ser rico, ter vários carros e frequentar bons restaurantes.

Outros relacionam o sucesso à felicidade ou à essência. Trocando em miúdos, tirando todo o dinheiro e o poder de uma pessoa, o que sobra é a sua essência. Acredito que não há receitas prontas, mas, sem dúvida, o tesão é o denominador comum entre as pessoas que se sentem realizadas. Não importa o seu ideal de sucesso, você precisa de motivação e perseverança para atingi-lo. É possível avaliar, por exemplo, quem teve mais sucesso na vida: Eike Batista ou Madre Teresa de Calcutá? São objetivos de vida tão distintos que não faz sentido compará-los.

No entanto, podemos concluir que ambos se dedicaram muito para chegar aonde queriam. No caso dos atletas, que têm o sucesso definido pelas vitórias, você acha que eles seriam capazes de atingir suas metas sem tesão? Entre um atleta com menor talento, mas muita determinação, garra e motivação, e outro mais talentoso, porém menos dedicado, certamente veremos melhores resultados no primeiro. A relação entre motivação e tesão é bastante próxima, tanto que muitas vezes eles parecem ter o mesmo significado. Na verdade, as duas coisas devem andar juntas.

O processo de motivação para atingir nossos objetivos deve ser norteado pelo prazer, pelo tesão. Seja para perder peso, seja para virar um campeão de remo, busque sempre por melhorias e jamais desista diante do primeiro obstáculo. Os desconfortos do caminho certamente serão recompensados depois. Minha dica é: não dê um passo maior do que a perna. Aceite que as mudanças levam tempo e comemore as pequenas conquistas. Só não consegue quem desiste!

• PARA NÃO ESQUECER •

- O tesão é fundamental em nossas vidas. Fazer o que se gosta ajuda muito. Por exemplo: quem adora dançar deve fazer disso o seu exercício físico habitual. Com certeza, será mais divertido do que entrar em uma academia por obrigação, e as chances de manter o hábito aumentam.

- Não estabeleça objetivos difíceis de cumprir. A frustração será grande e virá acompanhada de desmotivação e de baixa autoestima.

- Quando estiver desmotivado para realizar uma tarefa que considera importante para a sua vida, não pense de forma imediata, mas, sim, nos resultados em médio e longo prazos. Pequenos sacrifícios hoje podem representar grandes benefícios amanhã.

- Quebre tabus e resistências internas. Essa história de "não tenho talento para tal coisa" não se aplica à maior parte dos nossos desejos; parece apenas uma forma de boicote, de desistir antes mesmo de começar.

Meu médico disse que os livros fazem bem à saúde.
Das traças?

3. COMPORTAMENTO: MUDE SEU ESTILO DE VIDA

Para entender o ser humano é preciso, sobretudo, entender suas atitudes, fraquezas, seu sofrimento, a forma como ele se comporta, como é seu ambiente familiar e de trabalho, a relação que mantém com os filhos, com os pais, com os amigos. Tudo isso diz muito sobre os hábitos e a forma como encara a vida. Uma das tarefas mais difíceis de um médico é conseguir que seus pacientes mudem o comportamento, pois as escolhas de cada um nem sempre passam pelo lado racional. Mesmo diante de sinais de alerta, há quem não consiga se convencer de que uma mudança no estilo de vida é crucial para a melhora da saúde. Não vale a pena tomar um susto, como um infarto, por exemplo, pois, às vezes, as sequelas acabam sendo irreversíveis. Entender como o nosso comportamento afeta diretamente a nossa saúde é o primeiro passo para que as mudanças necessárias ocorram. O estilo de vida que escolhemos - importante ressaltar que se trata de escolha - tanto pode contribuir para o aparecimento de doenças quanto pode ajudar a curá-las. E ter momentos de prazer, de lazer e paz espiritual também é importante. A psicóloga Aline Sardinha, doutoranda em Psicologia pela UFRJ, me ajudou a trazer boas dicas neste capítulo.

LEITURA

Quando recomendo o hábito da leitura, justifico destacando três características que são mais do que suficientes e ao mesmo tempo persuasivas. Em primeiro lugar, ler é uma excepcional fonte de lazer. Fácil de praticar, a leitura pode ser realizada nos mais variados lugares: em casa, na praia, no avião, em uma fila de espera. Livros estão disponíveis em bibliotecas, podem ser emprestados por amigos, encontrados em sebos ou na internet. Portanto, falta de dinheiro não é desculpa para não ler.

Em segundo lugar, a leitura é um forte instrumento de poder. Francis Bacon, grande filósofo inglês, já dizia: "Conhecimento é poder". Ao ampliarmos nossos conhecimentos, podemos progredir no trabalho, ganhar admiração e respeito dos colegas e, acima de tudo, começar a enxergar o mundo com um olhar mais crítico. Algumas pesquisas mostram que, quanto maior é o grau de instrução de um funcionário, maior é o seu salário. De maneira geral, os mais preparados, mais cultos, que estudaram mais, alcançam melhores empregos. Agora me diga: existe forma de aprendizado mais eficiente e saborosa do que a leitura?

Por fim, a leitura é um hábito muito importante para preservação da nossa memória. A leitura funciona como uma espécie de "musculação" cerebral. Depois dos 30 anos, nosso cérebro começa a atrofiar. Portanto, da mesma forma que nos exercitamos para preservar os músculos, devemos fortalecer a mente. Iván Izquierdo, neurocientista reconhecido internacionalmente por sua extensa publicação sobre memória, diz que "nenhuma atividade compara-se à leitura na multiplicidade de funções envolvidas" (do livro *Questões sobre memória*). Ao ler, colocamos em atividade a memória verbal, visual, de imagens e sentimentos. Se com o avançar da idade perdemos um pouco da nossa capacidade mental, que tal fazermos uma preparação para enfrentar os anos com o cérebro bem afiado?

Por todos esses motivos é que gosto de conhecer os hábitos de leitura de meus pacientes. Muitos me dizem que leem apenas dois ou três livros por ano e que preferem revistas e jornais. Agora, imagine-se lendo um belo romance ou uma bela biografia. Para entrar na história, sua mente deve se desligar por completo dos problemas e das preocupações rotineiras. As páginas demandam atenção e foco, afinal, você precisa conhecer e idealizar os personagens, imaginar as cenas e fazer as conexões entre o que já aconteceu e o que acaba de ler. Quando lemos um jornal, no entanto, apesar de servir como fonte de informação, o ato não demanda tanto da nossa mente. É uma leitura mais superficial, que pode ser interrompida várias vezes, sem prejuízo para a compreensão. Por isso, para aproveitar melhor os benefícios do ato de ler, indico, ao menos, a leitura de um livro por mês. A tendência é que esse número aumente naturalmente com o tempo, uma vez que o hábito seja incorporado à rotina e suas vantagens passem a ser percebidas na prática.

O ato de ler nos leva a refletir e a pensar. Durante a leitura, temos a nobre oportunidade de "vestir o sapato do outro" (exercício não muito fácil no nosso dia a dia). Podemos entender certos posicionamentos, ter compaixão por outras pessoas e respeitar diferenças. Enfim, temos a chance de experimentar o mundo através do olhar de outra pessoa, através de outra perspectiva. Ampliamos nossos sentimentos e nossas emoções e aprendemos mais sobre nós mesmos. A leitura é sempre uma experiência enriquecedora.

Antigamente, o hábito de ler livros era mais frequente. Essa mudança pode ser atribuída a uma série de fatores, mas talvez o mais evidente seja o advento da internet. De forma alguma questiono os benefícios da rede para a vida moderna, mas acho que alguns pontos merecem uma avaliação mais crítica. Se por um lado podemos enviar fotos para nossos amigos, terminar relatórios do trabalho em casa, pagar nossas contas, comprar passagens, manter contato com parentes que moram longe ou pesquisar sobre qualquer assunto, por outro somos constantemente bombardeados com um excesso de informação que gera angústia e ansiedade. Nicholas Carr, em seu livro *A geração superficial – O que a internet está fazendo com os nossos cérebros*, comenta sobre a impaciência típica dos usuários da rede. Acostumados com informações rápidas e condensadas, eles se tornam cada vez mais superficiais. E é essa superficialidade que faz com que o hábito de uma leitura complexa, que demanda tempo e atenção, seja algo tão distante de suas realidades.

Muitos executivos que chegam ao meu consultório, na sala de espera já perguntam se há acesso sem fio para a rede e qual é a senha. Ligam seus *notebooks* ou *tablets* e não param nem por um minuto. Essas pessoas são as mesmas que nos fins de semana aproveitam para responder a *e-mails* de trabalho. O fato de estarmos *on-line* e disponíveis, nos sete dias da semana, 24 horas por dia, com certeza está aumentando o nível de estresse na população. Com tanta ansiedade, parece não haver espaço para a leitura. Um dos grandes desafios do mundo moderno é achar esse equilíbrio, ou seja, saber usar as ferramentas que se encontram à nossa disposição como aliadas, e não como fonte de novos problemas. Se usada com sabedoria, a internet pode ser uma excelente forma de ampliar nossos conhecimentos.

• PARA NÃO ESQUECER •

- Ler, ler e ler. Essa é a melhor forma de preservar a nossa memória. Leia, pelo menos, um livro por mês.
- A leitura gera conhecimento, e "conhecimento é poder".
- A leitura é também uma excelente forma de lazer, pode ser realizada em qualquer lugar e de várias maneiras.
- Quem tem um bom livro como companhia nunca está só.

ESPIRITUALIDADE

Se o contato com a leitura traz tantos benefícios, imagine então o poder que surge do contato do ser humano com o seu íntimo. Tenho percebido que pessoas mais espiritualizadas, em geral, vivem melhor e convivem com mais tranquilidade com os desafios que a vida lhes impõe. Não estou falando necessariamente de pessoas religiosas, mas, sim, daquelas ligadas a questões espirituais, menos terrenas, menos mundanas. São indivíduos de certa forma desprovidos de egoísmo e mais preocupados com o semelhante, com o sofrimento alheio, com as injustiças que estão em toda parte. Desligar-se das preocupações materiais e voltar a mente e o corpo para outros focos mais transcendentes é uma forma muito saudável de criar uma proteção contra as ansiedades e angústias do mundo moderno, que acabam contribuindo para o aparecimento e o agravamento de doenças. É como se as pessoas espiritualizadas criassem uma aura de bondade à sua volta capaz de beneficiar não só a si mesmas, mas também àqueles que estão ao seu redor.

Gosto de falar em espiritualidade, porque o conceito é bastante amplo. O seu significado abrange todas as crenças, todos os deuses, todas as religiões, sendo, portanto, muito democrático. Se durante muitos anos unir espiritualidade e medicina parecia improvável, cada vez mais observo uma mudança nesse cenário. Já existem pesquisas que comprovam a estreita relação entre a saúde física, mental e o setor espiritual de nosso cérebro. A importância desses estudos é que eles ampliam o conhecimento dos médicos sobre essa ligação, estimulando que façam uso disso para encorajar os pacientes a buscar melhor qualidade de vida.

A dificuldade em torno da definição e aceitação da espiritualidade ainda é um problema. Os benefícios promovidos pela espiritualidade estão relacionados com a inserção em um grupo que se conecta a um objetivo comum, ou mesmo à sensação de segurança gerada pela certeza de que "há alguém olhando por nós". Por isso, costumo dizer que não importa a origem nem onde o paciente busca esse apoio espiritual, mas é importante que ele exista, especialmente no mundo caótico em que vivemos, onde impera o consumismo, a artificialidade, o ter mais do que o ser.

Diante das evidências de que a espiritualidade pode ser benéfica para a saúde, muitos centros de tratamento e prevenção de doenças estão incluindo orientação espiritual em suas rotinas. O assunto ainda envolve diversos aspectos éticos, pois a distinção entre espiritualidade e religiosidade precisa estar bem clara para que a prática funcione. A indicação médica da busca pela espiritualidade não precisa ultrapassar as fronteiras da liberdade de escolha de cada paciente. Cada um sabe os melhores caminhos para encontrar sua própria espiritualidade.

Nas práticas religiosas, a contribuição para a saúde está na sensação de bem-estar, paz e segurança que elas proporcionam. Pertencer a um grupo unido em torno de uma crença parece ser poderosa fonte de conforto, esperança e significado. Além disso, existe um estímulo das relações interpessoais e das habilidades relacionadas ao "perdão", o que, na opinião de alguns autores, desempenha um papel positivo nos relacionamentos e amplia a capacidade de adaptação diante do estresse da vida moderna.

No caso da meditação, estudos evidenciam a existência de mudanças no corpo, fruto dos exercícios de respiração e relaxamento presentes na prática. Há indícios de que essas alterações contribuiriam para atrasar o envelhecimento cerebral e estimular o melhor funcionamento dos sistemas cardiovascular, digestivo e respiratório. Cabe ressaltar que, na abordagem inicial da hipertensão arterial, a própria Sociedade Brasileira de Cardiologia recomenda as técnicas de respiração lenta, como meditação, ioga, *tai chi chuan*, entre outras.

Talvez o recurso à espiritualidade como forma de melhorar a qualidade de vida se dê de forma mais intensa em portadores de doenças graves. As crenças podem ser úteis para aliviar o estresse, aumentar a sensação de controle sobre a doença e reduzir a desesperança e o desespero. Em alguns pacientes, esse tipo de reforço em um momento crítico da vida funciona como um estímulo para que eles consigam lidar com suas condições de maneira mais serena, aumentando seu engajamento no tratamento e suas chances de melhora.

É importante, no entanto, interpretar com cuidado os resultados das pesquisas sobre esse tema. O fato de as práticas ligadas à espiritualidade estarem relacionadas com a melhoria no estado de saúde de alguns pacientes não pode servir como prerrogativa para que se ignore o uso de medicamentos ou de tratamentos comprovadamente eficazes na prevenção e no combate às doenças.

Os benefícios da meditação e da respiração

Estudo recente revelou que apenas 15 minutos de ioga praticados de forma adequada já trazem benefícios. E algumas posturas, ensinadas pelo seu professor, podem ser praticadas até mesmo em casa ou no trabalho. Os autores atribuem os resultados à redução do ritmo respiratório desenvolvida com a prática. A meditação zen também revelou importantes resultados no que diz respeito à redução da ansiedade. A técnica, que funciona como espécie de autorregulação, pode ser constantemente aprimorada com a prática. As ondas cerebrais em um estado de relaxamento aumentam, principalmente na região frontal do cérebro, responsável pelos processos de pensamento, planejamento e organização do comportamento.

Existem diferentes maneiras de meditar. De forma rápida, podemos dividir as práticas em três grupos: as técnicas que envolvem a concentração na respiração ou em alguma imagem ou som, as técnicas baseadas na repetição de mantras como forma de alcançar um estado de consciência pura (transcendental) e, por fim, as técnicas que buscam atingir a consciência ou atenção plena (*mindfulness*). Essa divisão apresentada aqui certamente não faz jus a toda a riqueza cultural e tradição que embasam a meditação, mas serve como bom exemplo.

Os iniciantes terão mais dificuldade em ficar concentrados por longos períodos. É bem possível que a prática seja interrompida a todo momento por outros pensamentos ou sensações. Se você está começando, fique tranquilo, pois esse obstáculo é mais do que natural; é a insistência e o treino que vão ajudar no desenvolvimento da capacidade de desligar-se do mundo por alguns minutos. O melhor é procurar um centro de meditação onde você aprenderá a técnica adequada.

Antes de aprender a meditar, é preciso saber respirar. É comum que na correria da vida moderna as pessoas passem a respirar de maneira rápida, enchendo apenas parcialmente os pulmões de ar. Com isso, o equilíbrio entre o oxigênio e o gás carbônico fica prejudicado e o nosso cérebro entende as alterações no nível de oxigenação como ameaças. Resultado: mais ansiedade, estresse e até crises de transtorno do pânico.

Quando sentir que perdeu o rumo na sua respiração, tente pensar em um bebê dormindo. Já reparou como ele respira durante o sono? Visualize a cena: a barriguinha subindo e descendo, calmamente, a cada vez que o ar entra e sai dos pulmões. Ele parece estressado? Imagino que não. Agora preste atenção na sua própria respiração. Quando você inspira, como fica o seu tórax? Quanto tempo você leva para encher os pulmões de ar e soltar todo ele? Se você respira rápido, enche apenas parcialmente os pulmões e, em vez da barriga, o seu peito é que se movimenta, provavelmente anda estressado. Que tal praticar a respiração de bebê por alguns minutos? Essa técnica é conhecida como respiração diafragmática e é comum na ioga, por exemplo. Seu uso isolado também pode trazer ótimos resultados. Então: já sabe, controlar a respiração acalma e energiza. E a respiração precisa ser bem feita desde a infância. A criança que respira pela boca pode ter problemas posturais, entre outros. Sem falar que respirar errado reduz a oxigenação no cérebro.

A RESPIRAÇÃO DIAFRAGMÁTICA – COMO FAZER

Inspire pelo nariz lenta e profundamente. Imagine seu tórax em três partes. Comece a inspiração dilatando primeiro a região do abdômen (sinta seu diafragma descer); em seguida, encha de ar a parte central e infle a alta. Solte o ar bem devagar, descendo primeiro a parte alta do tórax, a central e a região do abdômen. Expire pela boca, deixando-a um pouquinho aberta. O ideal é fazer a respiração diafragmática deitado, mas pode ser sentado, em casa, dirigindo ou no escritório.

• PARA NÃO ESQUECER •

- O tipo de espiritualidade não interfere nos resultados positivos para a saúde. Quer você opte por práticas religiosas, meditação ou até mesmo atividades voluntárias, os benefícios serão os mesmos.

- Fique atento à sua respiração. Aprenda a controlá-la e ganhe uma importante aliada para amenizar o estresse do dia a dia.

SERENIDADE

Na prática, pessoas mais serenas, calmas, em geral adoecem menos. São indivíduos que tomam decisões com bom senso, se deixam tocar e têm mais facilidade para mudar atitudes e hábitos. A boa notícia é que essa mansidão, essa tranquilidade, pode ser cultivada e exercitada. Nesse campo, aprendemos muito com as práticas orientais, que, até pouco tempo, ainda eram vistas com muito descrédito e desdém.

Hoje, para benefício de todos, a situação mudou, e os médicos ocidentais demonstram mais respeito pelas ideias que chegam do Oriente. Respirar de forma lenta, meditar, falar e comer pausadamente, não elevar o tom de voz – todas essas medidas estão, de certa forma, relacionadas a um estilo de vida mais sereno que, sem dúvida, ajuda a enfrentar melhor os problemas do mundo em que vivemos.

Costumo usar uma frase bíblica com os meus pacientes: "O mundo é dos mansos". Com isso, tento lhes mostrar que, no meio de toda essa loucura, são os calmos que sobrevivem. São os serenos que melhor conseguem unir saúde, realização profissional e felicidade. A serenidade representa o oposto do estresse; é o tipo de atitude que precisamos incorporar no nosso dia a dia para reagir diante de tantos estímulos negativos que nos cercam. Não há como fugir desta realidade: situações estressantes e momentos de tensão, no trabalho ou nas relações pessoais, sempre vão existir. Mas, se você preparar o corpo e a mente para enfrentá-los, é possível aprender a lidar com eles e sair praticamente ileso.

Imagine a seguinte situação: a maneira como os pais de um filho adolescente lidam com o fato de ele sair à noite. O pai pede que ele ligue caso haja algum problema, em seguida vai para a cama e dorme. Já a mãe não fecha os olhos enquanto o rebento não volta para casa. O filho é dos dois, a situação é a mesma, porém as reações são diferentes. A preocupação da mãe teve alguma relação com a volta do filho para casa? As horas que ela passou acordada serviram, de alguma forma, para protegê-lo na madrugada? Não. Mas configuraram momentos de estresse para ela. E, o que é pior, ela deixou todo o corpo em alerta para uma situação que estava completamente fora de seu controle e sobre a qual não teria qualquer tipo de influência.

É claro que esse tipo de reação não é voluntária. A mãe não programou passar a noite em claro preocupada com o filho que se divertia em uma festa. Por outro lado, ela também não fez nada para tentar controlar a situação: simplesmente se deixou levar por uma onda irracional de estresse. A busca de serenidade deveria ser uma prioridade de todos, pois nos ajuda a levar uma vida mais leve e a lidar com os problemas de forma mais sensata, mais tranquila.

No consultório, me deparo constantemente com pacientes que estão doentes de verdade, com problemas graves de saúde, que envolvem desde coração cansado até insuficiência renal e diabetes. Muitas vezes, essas pessoas não apresentam queixas nem sintomas que indiquem a gravidade do caso. Enquanto isso, recebo outros pacientes com problemas bem mais simples, que, no entanto, reclamam e parecem estar sofrendo o tempo todo. Por isso, costumo definir essas situações da seguinte forma: enquanto o primeiro tipo de paciente tem macrodoenças e microssintomas, no segundo caso a situação se inverte; ele tem microdoenças e macrossintomas. A diferença principal se dá na forma como cada um encara a saúde. Nossa cabeça serve como filtro para definir a reação que teremos diante dos reveses da vida.

Não me esqueço de um falecido tio meu. Cheio de problemas cardíacos, era obeso e fumante inveterado. Consumia quatro maços por dia. Certa vez, para convencê-lo a realizar um cateterismo, combinei que sairíamos logo depois para comer um bacalhau. Expliquei para a minha tia que não era hora de discutir com ele, mas que, acabado o exame, ele só ia querer voltar para casa e descansar. Depois de realizados os procedimentos, o resultado não poderia ser outro: todas as artérias entupidas. Nós, eu e a minha tia, preocupados em dar a notícia, fomos surpreendidos pela pergunta dele: "Já podemos ir comer o bacalhau?" Não teve jeito, precisei cumprir a promessa.

Algum tempo depois, já no meu consultório, ele disse: "Vendo sua preocupação, imagino que devo estar com as artérias entupidas, o que para mim não é surpresa. Sempre comi e fumei muito, estou gordo e não faço exercícios. Mas, enquanto você se apega ao meu diagnóstico, eu só quero saber se o meu caso tem solução". Ele foi operado e viveu por mais dez anos. Seu otimismo, com certeza, foi de grande valia para encarar o problema de saúde. Se ele tivesse se deixado abater, o resultado provavelmente seria outro.

É importante compreender que, se por um lado sentimentos negativos, como a raiva, podem fazer mal para o nosso organismo, por outro, sentimentos positivos são muito benéficos. Cultivar *hobbies* que acalmem e buscar exercícios e técnicas de respiração que ajudem no relaxamento da mente são atitudes positivas para pessoas que encaram o estresse de frente, dia após dia, mas querem e precisam manter a serenidade. A prática regular de exercícios físicos e a manutenção de uma alimentação equilibrada também são aliadas importantes.

Agora talvez você esteja se perguntando: como posso detectar o estresse antes que ele se torne mais grave e prejudique a minha saúde? É claro que, vivendo em uma sociedade com níveis de estresse tão absurdos, essa é uma preocupação mais do que válida. Trata-se de uma questão de sobrevivência. Inúmeras publicações científicas já relacionaram doenças como psoríase, herpes, câncer e infarto a pessoas que passam a vida em uma corda bamba emocional.

É claro que os mecanismos pelos quais o estresse leva uma pessoa a adoecer são diversos, complexos e envolvem também problemas hormonais, inflamatórios e imunológicos. Mas ouvir os sinais do corpo pode ser o primeiro passo para conseguir enfrentar o problema. Inicialmente, é possível que a reação do seu organismo esteja relacionada a um evento pontual: é a fase que chamamos de "alerta". Quando a pessoa não consegue enxergar a gravidade nem combater a situação, o quadro pode se tornar crônico e caminhar para um novo estágio, conhecido como "resistência". O último degrau da doença configura uma situação de estresse constante, levando o paciente a um quadro de exaustão e esgotamento.

Fontes de estresse

Transtornos mentais e quadros ligados à ansiedade, como transtorno do pânico, fobia social, bulimia, anorexia e alcoolismo, estão entre os maiores causadores de estresse no mundo. São quadros que precisam e devem ser tratados com acompanhamento especializado. Entretanto, como já vimos, ninguém está livre de sofrer com o problema. A especialista Marilda Lipp, grande pesquisadora desta área, organizou um livro interessante, cuja leitura eu indico: *O stress está dentro de você*. Nele é ressaltado que o estresse é uma reação natural de adaptação do organismo e envolve diversos fatores que ocorrem quando nos defrontamos com uma situação que altera o nosso equilíbrio emocional.

Nesses casos, o corpo se prepara mental e fisicamente para enfrentar o problema. O coração bate mais acelerado, a respiração muda, e os músculos se tensionam. Independentemente da causa, o início da reação se manifesta de modo bastante semelhante em todas as pessoas, com sintomas como taquicardia, sudorese excessiva, boca seca e sensação de alerta. Na programação "original de fábrica" do nosso corpo, uma vez cessada a "ameaça", a reação de estresse é desligada e tudo volta ao normal. Ou seja, o estresse faz parte e é até importante e necessário em certas situações, mas, passada a "ameaça", o corpo precisa relaxar. Não podemos ficar em fase de alerta o tempo todo, porque ela exige do organismo muitos recursos. É como se ele não pudesse "desligar", fazendo a mente sofrer com alterações de humor e diminuição na capacidade de concentração e de memória.

A preocupação configura um dos principais sintomas da pessoa estressada. Como o nome já indica, preocupar-se significa ocupar-se de um problema antes mesmo de ele aparecer. É a maneira que o cérebro humano tem de não esquecer que precisa resolver determinada questão. Quando essa condição vira uma constante, é como estar dentro de um filme de suspense: mesmo sabendo que não é real, ficamos nervosos, apreensivos e levamos sustos.

Saiba que fontes de estresse podem ser internas e não necessariamente resultar de algum problema do ambiente. Algumas ideias que parecem inocentes e bem-intencionadas – como a crença de que é preciso dar conta de todas as tarefas com perfeição ou de que você tem a obrigação de ajudar pessoas próximas a resolverem seus problemas pessoais e profissionais – podem gerar uma carga difícil de carregar.

Para manter a serenidade, aprenda a se desligar. Se você não pode fazer nada para mudar determinada situação, aceite-a e siga em frente. Desconecte-se. Nada pode gerar mais tensão do que estar *on-line* 24 horas por dia. Não faça uso exagerado de computadores, *tablets* e *smartphones*. Respire fundo. Tenha calma. O mundo não vai acabar amanhã. E, mesmo que acabe, o que você pode fazer para impedir?

A SÍNDROME DE BURNOUT

Inicialmente relacionada a pessoas que apresentavam uma dedicação exagerada ao trabalho, a síndrome de Burnout tem como característica o desejo que o indivíduo apresenta de ser o melhor. Os portadores costumam medir a sua autoestima pela capacidade de realização e pelo sucesso profissional. Mas o que se inicia com temperos de satisfação e prazer termina em um processo grave e perigoso engatilhado por um desempenho não reconhecido ou valorizado. É quando a necessidade de se afirmar e o desejo de realização profissional se transformam em obstinação e compulsão, deixando a pessoa em estado permanente de tensão física e emocional.

Atualmente, a síndrome de Burnout já atravessou as esferas profissionais e invadiu o cenário da vida moderna como um todo. Ela não é mais exclusividade dos executivos de multinacionais. Algumas pesquisas demonstraram que ela pode se desenvolver em qualquer pessoa que encare o dia a dia com esse pensamento; mesmo donas de casa e estudantes têm chances de sofrer desse mal.

• PARA NÃO ESQUECER •

- O estresse inicial é apenas uma fase de alerta. Com o tempo, vai se tornando crônico.

- Alimentação saudável, atividade física regular, técnicas de relaxamento e respiração, *hobbies*, bons amigos, relacionamentos saudáveis e pausas no trabalho podem contribuir muito para uma vida serena.

- Divertimento é algo fundamental em nossas vidas, uma forma de despoluir a cabeça. Ria, nem que seja de si mesmo, divirta-se, brinque, leve-se menos a sério. Esses "medicamentos" ajudam a diminuir o estresse.

- Em certos casos, o auxílio de um profissional (psicólogo ou psiquiatra) pode ser necessário. Não tome nenhum medicamento sem consultar o seu médico.

A Samanta vai acabar com você.
Quem é essa mocreia?!
"Essa manta" de gordura na barriga...

4. EXERCÍCIOS: O CAMINHO PARA UMA VIDA SAUDÁVEL

A descoberta da importância do exercício físico para o nosso corpo não é recente. Embora novos dados científicos surjam a cada dia, com mais e mais informações sobre os benefícios da prática, há tempos já se conhece sua relevante e positiva influência para uma vida saudável. Mesmo assim, posso apostar que você conhece muitas pessoas que não se exercitam, e talvez seja até uma delas. Pode parecer difícil de entender, mas algumas vezes não basta ter informações concretas para se sentir estimulado a implementar uma mudança de hábitos. Quer maior prova disso do que pneumologistas que fumam, cardiologistas sedentários ou endocrinologistas obesos? Meu objetivo com essa observação não é constranger, e sim mostrar que, apesar de contar com enorme capacidade intelectual, muitas vezes o ser humano pode ser pouco racional.

Por isso, quando recomendo exercícios físicos, uso algumas dicas para estimular a prática e ajudar a torná-la um hábito regular:

- Procure realizar o exercício que lhe dê mais prazer. Este é o meu principal conselho. Quando gostamos do que estamos fazendo, é mais fácil manter o hábito. Não importa se você vai andar de bicicleta, jogar tênis, vôlei, dançar ou remar. O fundamental é que a atividade faça você feliz.

- Não se cobre em excesso; lembre-se de que o ótimo é inimigo do bom. Muitas pessoas se sentem derrotadas, pois não conseguem cumprir uma meta ou objetivo predeterminado. Por exemplo, você planejou pedalar sete vezes por semana, mas choveu ou surgiu uma viagem inesperada. Não se desespere nem perca o estímulo apenas porque foi preciso reduzir a frequência do exercício. Espere a rotina se normalizar e volte a praticá-lo. O exercício é para a vida toda; portanto, não vale a pena desistir por conta de alguns dias perdidos.
- Programe-se de acordo com a sua realidade, isto é, se tiver apenas 30 minutos para se exercitar diariamente, vá em frente. Melhor 30 minutos do que ficar sedentário. Assim que possível, aumente a frequência com orientação de profissional de educação física. O ideal é se exercitar pelo menos 150 minutos por semana.
- Tenha disciplina e força de vontade. A determinação é o principal atributo das pessoas vitoriosas.
- Evite pensamentos negativos ou bloqueios como "não consigo fazer ginástica", "sou assim desde pequeno", "não tenho tempo", "já me matriculei várias vezes em academias e acho que comigo não funciona". Mude sua mente para "eu quero", "eu posso", "é bom para mim" e siga em frente.
- Escute seu corpo. Caso sinta algum incômodo durante a realização de um exercício físico, pare. Muitas lesões são decorrentes de atividades praticadas de maneira inadequada ou exagerada. Respeite seus limites.
- Mantenha a regularidade; é melhor se exercitar quatro vezes na semana do que quatro horas em um único dia. Dessa forma, ossos, músculos e articulações conseguem se adaptar, diminuindo

o risco de lesões. Além disso, alcança-se um melhor condicionamento físico, o que não acontece com os chamados atletas de fim de semana. O benefício do exercício sobre a capacidade de as artérias relaxarem e se contraírem, conhecida como função endotelial, dura cerca de dois dias. Por isso é recomendado fazer um pouco a cada dia, em vez de tudo de uma vez.

- Passe por uma avaliação física antes de iniciar um programa de exercícios. Ela deve ser realizada por um médico, que vai avaliar a necessidade de exames complementares. Nas academias, isso é uma exigência legal e visa à segurança de todos. Pessoas com problemas de saúde prévios - como hérnia de disco, hipertensão, diabetes, asma, problemas cardíacos - devem conversar com o médico que as acompanha para que ele envie uma autorização liberando a prática desportiva e forneça as recomendações a serem seguidas.
- Não misture as coisas: quando for utilizar o seu tempo para fazer atividades físicas, dedique-se somente a isso. Nada de checar *e-mails* ou fazer ligações de trabalho enquanto está na bicicleta ergométrica, por exemplo. Agindo assim você não relaxa e acaba se estressando. Para ser bem-feito, o exercício exige dedicação exclusiva. No máximo, escute uma música.
- Por fim, lembre-se de vestir roupa e calçado adequados, hidratar-se sempre, aplicar protetor solar - caso opte por lugares abertos -, não fazer exercícios em jejum e evitar refeições exageradas antes da prática.

RECOMENDAÇÕES PRÁTICAS

Atividade física e exercício físico não significam a mesma coisa. Conceitualmente, atividade é qualquer movimento feito pelo nosso corpo que envolva um gasto de energia. Isso inclui pentear o cabelo ou tomar banho. Já o exercício representa uma prática planejada, estruturada e repetida com o intuito de obter condicionamento físico, melhorar ou recuperar a saúde.

O exercício pode ser dividido em aeróbio e anaeróbio. No primeiro, o oxigênio é a fonte para aproveitar elementos necessários à produção de energia para as células dos músculos. É uma atividade de longa duração, contínua e de baixa e moderada intensidade, estimulando o sistema respiratório e cardiovascular. Pedalar, correr, nadar e caminhar são alguns exemplos de atividades aeróbicas. Já o exercício anaeróbio não usa oxigênio para produção de energia. São as atividades de alta intensidade e curta duração que requerem maior esforço dos músculos. O exemplo mais conhecido nesse caso é a musculação.

Os dois tipos são importantes para o nosso corpo e devem ser praticados considerando aspectos como duração do treino (meia hora, uma hora etc.), frequência (quantas vezes na semana) e intensidade. Muitos autores sugerem que, quanto mais intenso for um exercício, maiores serão os benefícios para o organismo.

A intensidade de treino recomendada para cada indivíduo é medida por meio de testes (por exemplo, de esforço) em clínicas de medicina do exercício. Eles avaliam o consumo de oxigênio e a frequência cardíaca. É comum vermos a prescrição de exercícios baseada na frequência cardíaca máxima (FCM); a maior frequência possível de ser atingida em esforço por uma pessoa. Para calculá-la, é preciso diminuir a sua idade de 220. Assim, para um homem de 40 anos, a conta seria 220 menos 40, ou seja, 180 batimentos por minuto (bpm). Na mulher, a conta é 226 menos a idade.

Vale ressaltar que essa estimativa varia, mesmo entre indivíduos da mesma idade. Quanto maior a frequência cardíaca, maior o consumo de oxigênio. Por isso é importante acompanhar este parâmetro, para saber se a atividade que você está realizando está muito intensa ou leve; trazendo benefícios ou não. Normalmente, indica-se o treino para uma pessoa saudável não atleta entre 65% e 80% de sua FCM. Quem está parado há muito tempo inicialmente deve começar em 50%, mas isso seu médico especialista em medicina do exercício, com seu professor de educação física, terá que confirmar.

E considerando que o ser humano começa a perder massa muscular a partir dos 40 anos, a musculação é altamente recomendada, em especial para prevenir doenças como osteoporose e artrose. Para aqueles que não dispõem de muito tempo, recomendo que conversem com um profissional de educação física, para montar um programa de exercícios que alterne os grupos musculares, concentrando-se nos membros superiores em um dia, inferiores em outro e finalizando sempre com uma série de alongamento. Veja com seu professor quais exercícios de força você pode fazer. Se acha um tédio ficar uma hora na sala de musculação, tente pilates ou algumas modalidades de ioga, por exemplo. Essas atividades são boas até para corrigir a postura e prevenir dores de coluna.

Para desfrutar dos benefícios do exercício físico, o recomendado são 30 minutos de atividade aeróbica de intensidade leve a moderada, 15 a 20 minutos de musculação e alguns minutos finais para o alongamento. Ou seja, é preciso menos de uma hora, dentro das 24 disponíveis em um dia, para melhorar sensivelmente sua qualidade de vida. Você não acha que vale a pena? Caso esteja sedentário, comece aos poucos e, com o tempo, conseguirá ir aumentando a frequência e a intensidade. Não caia na armadilha de querer recuperar o tempo perdido em uma semana.

PREVENÇÃO DE DOENÇAS

Você já sabe que o exercício físico é uma forma eficaz de se proteger contra doenças do coração, diabetes e obesidade. Mas o que nem todos sabem é que ele é eficiente na prevenção do câncer. Um estudo recente, publicado no *European Journal of Cancer*, revelou que entre 9% e 19% dos principais tipos de câncer do continente europeu seriam resultado da pouca atividade física da população. Além disso, a prática de exercícios aumenta a proteção e retarda o aparecimento de demências, como o mal de Alzheimer. Outro estudo recente, publicado em 2012 na revista *The American Journal of Sports Medicine*, mostrou que os quadros de demência são inversamente proporcionais ao condicionamento físico.

Além de ajudar a prevenir doenças, a prática de exercícios físicos também pode levar a uma maior longevidade. Uma pesquisa publicada em 2002, por Jonathan Myers, avaliou mais de 6 mil homens que haviam sido encaminhados, pelos motivos mais diversos, para a realização de uma prova de esforço. Entre eles foram descartados os que tinham histórico de problemas cardíacos e os que apresentaram resultado anormal no exame. O restante, cerca de 2,5 mil homens, foi acompanhado por um período de seis anos. O resultado final revelou que os participantes com melhor condicionamento físico apresentavam os menores riscos de mortalidade.

Em 2010, o mesmo autor publicou o resultado de vinte anos de acompanhamento de um grupo com mais de 5 mil idosos. O objetivo era comparar a mortalidade entre indivíduos de melhor e pior preparo físico. O estudo revelou que o condicionamento estava totalmente relacionado com o aumento na sobrevida das pessoas. Quanto maior o preparo, maior a longevidade. A pesquisa foi além e revelou que os idosos que antes não faziam exercícios, mas decidiram iniciar algum tipo de atividade conseguiram mudar sua história, ganhando cerca de 35% de sobrevida em comparação aos que optaram por não mudar o estilo de vida.

Um dos grandes segredos para envelhecer com saúde é gratuito e você não encontra na farmácia. O exercício está à disposição de todos e tem eficiência comprovada.

BENEFÍCIOS DO EXERCÍCIO FÍSICO

- Melhora a autoestima.
- Reduz a incidência de doenças cardiovasculares.
- Diminui os níveis de gordura no sangue (colesterol e triglicerídeos).
- Diminui os níveis de açúcar no sangue (glicose) e ajuda a controlar o diabetes.
- Reduz a incidência de diversos tipos de câncer, como o de intestino e de mama.
- Garante ossos mais fortes e, assim, menor risco de osteoporose.
- Melhora a qualidade de vida e contribui para a longevidade.
- Reduz os níveis de pressão arterial.
- Melhora a postura, a flexibilidade e aumenta a massa muscular.
- Diminui o peso corporal e combate a obesidade.

• PARA NÃO ESQUECER •

- Exercício físico regular é o melhor remédio da humanidade: eficaz e de fácil acesso. É democrático, pode ser praticado por todos e em qualquer lugar, além de trazer impactos positivos para a qualidade de vida.

- Tente praticar exercícios aeróbicos pelo menos cinco vezes na semana por trinta minutos, não se esquecendo de também fortalecer os músculos e alongá-los.

- Exercício tem que ser para a vida toda. Busque algo que lhe dê prazer e que possa ser incorporado à sua rotina.

- Nunca é tarde demais para começar. Mesmo quem já está na terceira idade é capaz de descobrir o prazer de cuidar da saúde por meio da prática de algum exercício físico.

Parte II

MEDICINA PREVENTIVA

Conte-me tudo!

5. PREVENIR É O MELHOR REMÉDIO

Quando se fala em medicina preventiva é comum a associação com *check-up*, a bateria de exames laboratoriais e de imagem que revelam como está nossa saúde. Porém, medicina preventiva é mais do que passar quase um dia inteiro em jejum, sendo escaneado, perfurado com agulhas e apalpado por médicos de diferentes especialidades. A medicina preventiva começa antes do nascimento, ainda na gestação, no pré-natal. Primeiro o ginecologista/obstetra e depois o pediatra são os primeiros a nos orientar a adotar hábitos saudáveis, que serão importantes por toda a vida. Falar de medicina preventiva é visitar seu médico periodicamente, fazer dieta balanceada, praticar exercícios físicos e atividades de lazer e se proteger com vacinas, que muitos pensam que valem só para crianças e adolescentes. Adultos e idosos também precisam delas em diferentes fases. Por exemplo, você se lembra se já foi vacinado contra hepatite B? Procura se imunizar anualmente contra gripes e pneumonias? Lembra quando foi a última vez que renovou a sua antitetânica?

Às vezes recebo ligações de pacientes solicitando que eu peça exames para que eles já venham ao consultório com tudo pronto. O médico que cede a esse tipo de pedido incorre em uma falha perigosa, pois os exames são complementares às consultas, que se iniciam com a história clínica do paciente, a anamnese. Portanto, as análises laboratoriais, ressonâncias, tomografias e radiografias não substituem a conversa com o seu médico. Só depois é possível avaliar a necessidade e a pertinência de solicitar exames.

Pensemos no seguinte exemplo: a pessoa anda cansada, liga para o seu cardiologista e diz que precisa de exames. O cansaço é uma queixa que pode estar relacionada a problemas cardíacos, mas também tem relação com hipotireoidismo, anemia, apneia obstrutiva do sono, entre outras alterações físicas. Então, não dá para pular a etapa mais importante: a consulta médica.

É com base na história clínica que os médicos têm uma série de informações a partir das quais pode ou não pedir exames. Assim, alguém que nunca fumou não precisa de radiografia de tórax, mas um fumante com queixa de tosse e emagrecimento, sim; ou mesmo de tomografia. Outro exemplo: para todos com mais de 50 anos é rotina solicitar colonoscopia, o exame dos intestinos. Mas, se o pai ou a mãe do paciente teve câncer de intestino aos 53 anos, por exemplo, o exame deve ser antecipado em dez anos. Ou seja, sugere-se que o paciente comece a fazer o exame a partir dos 43 anos.

Na história clínica, precisamos descobrir se a pessoa apresenta queixa ou sintoma; se toma medicamentos; se é fumante e há quanto tempo; se dorme mal; se pratica exercícios físicos; se os intestinos estão funcionando, se anda estressado, entre outras questões. E o paciente deve assumir o compromisso de não omitir qualquer informação, mesmo quando achar que ela não tem importância.

Da mesma forma, o médico precisa saber o máximo de informações sobre a história clínica familiar do paciente. Se os pais são vivos ou falecidos; se há relatos de morte súbita, infarto, doenças crônicas e/ou degenerativas, como câncer, hipertensão, diabetes, alterações genéticas etc. É nesse momento que o médico atua como um detetive, tentando coletar as pistas e dados para melhor avaliação da saúde de seu paciente. E a investigação continua no exame físico, com auscultação do coração e do pulmão, medida de pressão, eletro em repouso, observação do fundo de olho, da língua e dos dentes; de ouvidos e nariz (por exemplo, o desvio de septo é uma causa de noites maldormidas), de apalpação de vísceras e exame da pele. As doenças, muitas vezes, são assintomáticas, como hipertensão: cerca de 50% dos pacientes não sentem nada, e, quanto mais cedo a doença for diagnosticada, melhor o seu controle.

Então, fica claro que a medicina preventiva é um conceito amplo e não se resume a um *check-up* periódico; e este não é uma receita de bolo. Para cada indivíduo deve ser feito um programa individualizado, que depende de sua história clínica, de seu estado de saúde e seus hábitos de vida. Há exames modernos para medir risco cardíaco, como a tomografia, que mostra calcificação nas artérias, mas nem todos precisam dela. Da mesma forma, testes genéticos para avaliar risco de cânceres, como o de mama, não se aplicam à maioria das mulheres. Portanto, em medicina não existem doenças, e sim doentes.

EXAMES LABORATORIAIS: POR QUE, QUANDO E COMO REALIZAR

Desde os remotos tempos da Grécia antiga, berço da medicina ocidental, o homem se mostra curioso por explorar os fluidos que circulam em seu organismo e são depois eliminados. Hipócrates, considerado o pai da medicina, descreveu a curiosa presença de formigas ao redor da urina de pessoas que ficavam doentes e que, na verdade, estavam eliminando açúcar, pois eram diabéticas. De lá para cá, evidentemente, houve uma evolução enorme, que foi ainda mais marcante nos últimos vinte anos, com a exploração da genética como forma de diagnóstico e prevenção de doenças.

Hoje, a tecnologia e a automação empregadas em exames são muito avançadas, de forma que o erro analítico (na confecção dos exames) se tornou raro nos laboratórios modernos, informa Helio Magarinos Torres Filho, especialista em patologia clínica. Tudo o que era feito de forma manual passou ou está passando a ser feito por máquinas. Atualmente, a vulnerabilidade reside principalmente na fase pré-analítica – que engloba desde a solicitação do teste correto, passando pelo atendimento e a coleta, até a entrada da amostra nos equipamentos – e na fase pós-analítica – a emissão, a entrega e a interpretação dos resultados. Pesquisas mostram que 70% das falhas em laboratórios acontecem em uma dessas duas fases. Os exames laboratoriais são complementares ao diagnóstico e, portanto, só devem ser interpretados em conjunto com outras informações. Resultados avaliados de forma isolada são apenas dados adicionais e não são conclusivos para um diagnóstico.

Assim, os exames devem ser realizados sempre por solicitação de um médico. Alguns necessitam de preparos especiais, e é recomendável consultar o laboratório para saber exatamente as instruções. A maioria deles não requer jejum. A periodicidade varia de acordo com o médico e o paciente, mas as consultas devem ser sempre regulares. De modo geral, quando a interpretação dos resultados é feita por médico com especialização em patologia, acaba sendo mais completa. Os exames podem levar a assinatura também de biomédicos, farmacêuticos ou biólogos.

Abaixo, os principais exames:

Análise metabólica: Esse dá uma ideia de como o organismo digere, absorve e elimina os alimentos ou o que sobra deles.

Doenças como diabetes podem ser diagnosticadas em exames de sangue que medem os níveis sanguíneos de glicose. Os diabéticos não metabolizam essa substância de forma eficaz. Outro exemplo é a dosagem do colesterol e de suas frações. Em resumo, quando encontramos no sangue níveis altos de certas substâncias, em muitos casos conclui-se que alguns alimentos podem não estar sendo aproveitados como deveriam pelo organismo.

DIAGNÓSTICO DE DOENÇAS INFECCIOSAS: Em muitos casos, a melhor forma de se confirmar o diagnóstico de infecções – como dengue, hepatite e AIDS – é através de exames laboratoriais. Existem, basicamente, dois tipos de pesquisa: a de anticorpos no sangue e a análise direta do agente infeccioso.

Quando um elemento estranho ao nosso organismo penetra por alguma porta de entrada, como o vírus da gripe, que chega via pulmões, o nosso sistema imunológico desencadeia uma série de mecanismos de defesa, entre eles a formação de anticorpos. Além de ajudarem no combate à doença, esses anticorpos proporcionam, em muitos casos, uma imunidade permanente contra uma segunda invasão do mesmo agente. No caso da gripe, isso não acontece de forma eficaz, porque o vírus Influenza se modifica com facilidade, e cada nova infecção corresponde a um novo subtipo do vírus.

Além de representarem um importante mecanismo de defesa, os anticorpos servem como marcadores de doenças, já que são, na maioria dos casos, específicos para determinados invasores. Ou seja, se existe anticorpo no sangue, isso significa que foi desencadeada uma reação imunológica. Essa reação pode ser antiga (apenas de memória imunológica) ou recente (infecção atual).

As principais limitações desse tipo de exame se devem ao fato de o nosso organismo levar alguns dias para produzir anticorpos. Portanto, nem sempre é possível fazer diagnóstico logo nos primeiros dias da infecção. Outras limitações dizem respeito aos pacientes que não produzem quantidades suficientes de anticorpos, em decorrência de alguma deficiência em seu sistema imunológico, como acontece com portadores do vírus HIV e usuários de medicamentos inibidores do sistema imunológico, como os receitados em casos de câncer.

A outra forma de se detectar infecções é a pesquisa direta do agente infeccioso. Isso pode ser feito através do simples achado por meio do exame microscópico (parasitológico de fezes, por exemplo) ou estudo do material genético. São os chamados testes moleculares. Algumas doenças são sabidamente ligadas à nossa herança genética, ou seja, já nascemos "marcados" através de diferenças que podem ser encontradas nos nossos genes.

NOSSO CÓDIGO DE BARRAS – O QUE DIZEM OS GENES

Há cerca de um ano, médicos espanhóis surpreenderam o mundo com a notícia de que haviam conseguido, com auxílio de técnica de fertilização *in vitro*, que um casal tivesse um bebê sem o gene BRCA1; um dos responsáveis por até 10% dos cânceres de mama e outros tumores malignos. Em outro momento, cientistas britânicos e americanos anunciaram ter tratado por meio de terapia genética indivíduos com hemofilia, doença hereditária que dificulta a coagulação. Eles injetaram em hemofílicos um vírus que carregava um gene alterado para substituir um defeituoso, o que permitiu a produção de proteínas de coagulação do sangue. Esses são apenas dois exemplos de quanto o estudo da medicina genética pode aumentar a longevidade, curar doenças e trazer bem-estar. Neste capítulo, os geneticistas Mariano Zalis e Marcos Pinho, do Laboratório Progenética, falam das aplicações dos testes genéticos e da terapia genética. O que antes era ficção começa a se tornar realidade.

Os britânicos Francis Crick e James Watson nos apresentaram a molécula do DNA (sigla em inglês de ácido desoxirribonucleico) há mais de sessenta anos. O DNA localiza-se nos cromossomos e tem as receitas, os genes (o dominante determina uma característica), para a fabricação das proteínas das células. É a partir da informação no DNA (registrada nas sequências de suas bases timina/adenina e citosina/guanina) que nosso organismo se desenvolve, vive e morre. Para dar origem às proteínas, o DNA usa o RNA mensageiro (sigla em inglês de ácido ribonucleico), em um processo conhecido como transcrição.

Apenas para lembrar, os 46 cromossomos herdados (23 da mãe e 23 do pai, sendo 44 não ligados ao sexo, os autossomos, e dois sexuais) formam a nossa identidade genética (o cariótipo), localizada no núcleo das células. É como uma biblioteca de 46 volumes com todas as informações necessárias à vida: o genoma. Cada indivíduo tem um único, composto por cerca de 25 mil genes, mapeados pelo Projeto Genoma Humano, cujo resultado foi apresentado em 2003.

Foi a partir desse sequenciamento que a ciência deu um grande passo na identificação e no diagnóstico de doenças antes de difícil entendimento. Hoje existem mais de mil testes genéticos para ajudar a avaliar riscos à saúde, mas devemos lembrar que ser portador de um gene defeituoso não necessariamente sentencia a pessoa a adoecer. É preciso levar em conta o meio ambiente e o estilo de vida. Portanto, os testes genéticos são indicados apenas em casos selecionados e como aconselhamento genético de casais com história de males hereditários, como fibrose cística, que ataca o sistema respiratório, mulheres com mãe, tia ou irmã com câncer de mama, entre outras situações.

Com o avanço da biologia molecular, também cresceu a Medicina Genética. Hoje, cientistas conseguem produzir drogas personalizadas que atacam alvos específicos: são as drogas biológicas, produzidas com células vivas, como anticorpos, e mais eficazes, em alguns casos, que as sintéticas. E também há fármacos que levam em conta o perfil genético para impedir a progressão de cânceres e doenças autoimunes (quando o organismo ataca a si próprio, e um exemplo é a artrite). Assim, a medicina está atingindo seu principal objetivo: tratar o doente e não a doença. Até porque pessoas com a mesma enfermidade podem responder de forma diferente a um mesmo medicamento. Uma alteração genética pode dizer se o paciente vai precisar de uma dose maior de uma droga ou não. É a farmacogenética, mostrando que o futuro é agora.

> Somos todos geneticamente muito semelhantes, porém há pequenas diferenças no DNA que são particulares de cada um e que nos tornam únicos em termos de saúde, doença e da nossa resposta a tratamentos. As variações naturais (chamadas de polimorfismos do DNA) encontradas

nos nossos genes têm papel importante no risco ou não de doenças. A combinação dessas variações em diversos genes – juntamente com inúmeros fatores externos, tais como o ambiente, a dieta e a prática ou não de exercícios – afetam a saúde de cada indivíduo.

Mariano e Marcos dizem que os testes de diagnóstico molecular já estão sendo aplicados para identificar pacientes com câncer de mama e de intestino que têm maior probabilidade de se beneficiar dos novos tratamentos. Um exemplo são mulheres com câncer de mama invasivo em estágio inicial que atualmente podem participar dos testes quanto à probabilidade de recorrência do tumor. Também já podem ser realizados testes genéticos para pessoas com doenças cardíacas hereditárias e para ajudar os médicos a definir o tratamento para baixar a pressão.

Apesar de a melhor prevenção ser aquela que acontece antes que os sintomas da doença se manifestem, a avaliação precisa do risco genético permite uma melhor intervenção.

VACINAS

A vacinação é um dos primeiros procedimentos médicos aplicados ao recém-nascido. Com poucos dias de vida, ele recebe a BCG (contra a tuberculose) e a primeira dose contra hepatite B. Ao longo da infância, receberá muitas outras. Trata-se do mais eficiente método de controle das doenças infectocontagiosas. As vacinas não são exclusividade das crianças – algumas doses aplicadas na infância precisam ser reforçadas ao longo dos anos. Como o assunto é prevenção, nada melhor do que conhecer e aproveitar os avanços da ciência para manter nosso corpo protegido. A seguir, o pediatra Luiz Carlos Nigri, membro da Sociedade Brasileira de Imunização e diretor médico da Kinder Vacinas, descreve o que há disponível para crianças, adolescentes, adultos e idosos. O Brasil tem um dos melhores programas de imunização do mundo. O Ministério da Saúde oferece algumas vacinas para esses grupos:

Antitetânica (ATT): O tétano é uma doença bacteriana grave e pode ser prevenida. Sua contaminação pela bactéria ocorre pelo contato de ferimentos com material enferrujado, agulhas não esterilizadas, água suja, entre outros fatores. O primeiro sintoma é a contração dos músculos da mandíbula, impedindo a abertura da boca; seguido de rigidez do pescoço e das costas; e risos, em consequência do espasmo dos músculos da boca; dificuldade de engolir, rigidez muscular do abdômen, aumento da pressão, taquicardia, entre outras complicações. A maioria dos casos é fatal, por asfixia. No adulto, a vacina deve ser feita como reforço a cada dez anos. É comum que a aplicação cause reações como dor e calor no local nas primeiras 48 horas. Esses efeitos podem ser amenizados com compressas geladas.

Importante: Se a pessoa não se lembra e não tem registrada em sua caderneta de vacinação a data da última dose, a indicação é fazer três aplicações, com intervalos de dois meses entre elas, garantindo proteção para os dez anos seguintes.

Hepatite B: O vírus tipo B é o mais comum entre os vírus da hepatite. Pode causar infecção crônica no fígado e representa um problema de saúde pública global. Pessoas infectadas podem sofrer de cirrose e morrer. A transmissão ocorre pela pele ou pelas mucosas, através do contato com sangue, saliva, sêmen, secreções ou feridas contaminadas, podendo ser transmitida também durante a gestação, em relacionamento sexual sem uso de preservativo e por compartilhamento de agulha. Os principais sintomas são náuseas, vômitos, mal-estar, febre, fadiga, perda de apetite, dores abdominais, urina escura, fezes claras e cor amarelada na pele. A vacina deve ser feita em três doses, com intervalo de um mês entre as primeiras e de cinco meses para a última. Não há necessidade de reforço.

Hepatite A: O ser humano é o único reservatório conhecido do vírus de hepatite A. A transmissão ocorre pela ingestão de água ou de alimentos contaminados. Esse tipo de hepatite nem sempre causa sintomas, mas o infectado já transmite o vírus. Os principais sinais da doença são: febre, dores musculares, cansaço, mal-estar, falta de apetite, náuseas, vômito, pele amarelada, fezes amarelo-esbranquiçadas e urina de aspecto escuro. Não há tratamento específico. A aplicação da vacina é feita em duas doses, com intervalo de seis meses entre elas.

Importante: A vacinação combinada contra a hepatite A e B é feita em três doses, uma opção que pode substituir a vacinação isolada das duas doenças.

Sarampo, rubéola, caxumba e catapora: São doenças de fácil contágio. A imunização pode ser feita na infância, na adolescência ou na vida adulta. É indicada, principalmente, para mulheres que pretendem engravidar, mas não pode ser aplicada em gestantes. Nos últimos anos, por exemplo, a Europa sofreu com um surto de sarampo. Os seus principais sintomas são febre, tosse seca, manchas avermelhadas, coriza e conjuntivite. A rubéola nem sempre apresenta sintomas, mas são semelhantes aos de uma virose comum, com febre, dores pelo corpo, de cabeça e garganta, coriza e prostração. Na caxumba, os sintomas são febre, calafrios, dores de cabeça e musculares, além de, ao mastigar ou engolir, fraqueza. Uma característica marcante é o aumento das glândulas salivares próximas aos ouvidos.

Meningites: É a inflamação das meninges, membranas que envolvem o encéfalo e a medula espinhal. Causada por vírus ou bactéria, é transmitida pelo ar e através de gotículas de saliva eliminadas pelos indivíduos contaminados, a doença pode ser assintomática ou causar danos graves (febre, dores de cabeça, vômitos, hemorragias e infecção generalizada). A imunização é feita em dose única. Lançada recentemente no Brasil, a vacina Meningite ACWY tem maior abrangência e eficácia e pode ser feita em indivíduos entre 11 e 65 anos de idade.

Difteria e coqueluche: Além de crianças, é indicada para adolescentes e adultos, principalmente em gestantes (da vigésima à trigésima semana de gestação), familiares e acompanhantes do recém-nascido, como prevenção da coqueluche no bebê. Na coqueluche, os sintomas duram cerca de seis semanas, e a infecção pela bactéria pode causar tosse, febre baixa, coriza, espirros, lacrimejamento, falta de apetite e mal-estar. Há risco de pneumonia. Na difteria, a garganta fica dolorida, podem ocorrer febre, inflamações de gânglios, corrimento nasal e manchas avermelhadas na pele.

Febre amarela: É uma infecção viral aguda transmitida por mosquitos silvestres - em áreas de mata e floresta - e pelo mosquito *Aedes aegypti*, o mesmo da dengue - em regiões urbanas. A infecção pode causar febre alta, calafrios, cansaço, dor de cabeça, dor muscular, náuseas e vômitos por cerca de três dias; e, às vezes, complica, atacando fígado e rins. A única prevenção é a vacina. Entre o sétimo e o décimo dia após a aplicação, a pessoa está imunizada. Pode ser feita na infância e repetida a cada dez anos. É indicada também para pessoas que moram em áreas de risco ou vão viajar para esses lugares. A relação de países é disponibilizada pela Anvisa.

GRIPE: A indicação é que a vacina seja feita antes do inverno, anualmente, pois a composição genética do vírus está sempre se modificando. A vacina garante imunização também para a Influenza A/H1N1 (gripe suína). É indicada a partir de seis meses de vida, não sendo, portanto, uma vacina específica para o idoso.

HPV: A infecção pelo papilomavírus humano (HPV) é a doença sexualmente transmissível (DST) mais comum. Na maioria das vezes, é assintomática, mas é a principal causa do câncer de colo de útero. Em geral, os sinais caracterizam-se pelo aparecimento de verrugas genitais. A vacina é indicada para o sexo feminino entre 9 e 26 anos, podendo ser feita até os 45, excluindo as gestantes. Para o sexo masculino, está liberada apenas entre os 9 e 26 anos. É realizada em três doses, e estudos indicam uma melhor resposta imunológica em indivíduos entre 11 e 13 anos.

DOENÇAS PNEUMOCÓCICAS: O pneumococo é o principal responsável por pneumonia, sinusite, otite, conjuntivite, meningites e presença de bactérias no sangue. A vacina polissacarídica, ou 23-valente, é recomendada para crianças acima de 2 anos e pessoas com sistema imunológico enfraquecido. É aplicada no Brasil nas campanhas contra gripe para pessoas acima de 60 anos.

Antenor, você está bebendo vinho de novo?!
Apenas meia taça, querida.

6. POR QUE É TÃO DIFÍCIL PARAR DE FUMAR, DE BEBER E EMAGRECER?

Provavelmente você conhece alguém que precisa emagrecer, mas não consegue. Ou então tem um amigo que acaba não sendo bem-vindo porque tem dificuldades de beber com moderação. Ou vive tentando parar de fumar, sem sucesso. Não é fácil abandonar um vício, mas é possível.

FUMO

No caso do cigarro, apesar de o número de fumantes estar diminuindo no Brasil, ele ainda é um mal que afeta 14,8% da população. A fumaça do cigarro contém mais de 4.700 substâncias tóxicas, incluindo arsênico, amônia, monóxido de carbono (o dos automóveis), substâncias cancerígenas, além de corantes e agrotóxicos em altas concentrações. Já foram relacionadas mais de 50 doenças ao vício de fumar, principalmente cânceres, problemas cardiovasculares e respiratórios. O tabagismo acaba com a saúde até de quem não fuma, mas convive com fumantes. Segundo o Instituto Nacional de Câncer (INCA), pelo menos 2,6 mil não fumantes morrem no Brasil por ano por causa de doenças decorrentes do tabagismo passivo. Pessoas que não fumam, mas são expostas à fumaça do cigarro, têm 30% mais chances de desenvolver câncer de pulmão e 24% a mais de sofrer infarto e doenças cardiovasculares, dizem os oncologistas. Para falar mais sobre o assunto, convidei o pneumologista Carlos Alberto de Barros Franco, professor da PUC-Rio e membro da Academia Nacional de Medicina.

Pela última pesquisa do Ministério da Saúde, realizada em 2011, de 2006 a 2011, o percentual de fumantes no Brasil passou de 16,2% para 14,8%. E isso se deve em grande parte a campanhas de conscientização sobre o perigo de fumar. De acordo com o levantamento, os homens continuam fumando mais (18,1%) do que as mulheres (12%). E 11,8% dos brasileiros não fumantes moram com pelo menos uma pessoa que fuma dentro de casa; 12,2% dos indivíduos que não fumam convivem com algum fumante no trabalho. Barros Franco comenta que 100 mil jovens começam a fumar diariamente no mundo. Entre os problemas causados pelo cigarro, ele chama a atenção para as doenças do pulmão (enfisema, doença pulmonar obstrutiva crônica, asma e câncer) e do coração (angina, infarto e insuficiência cardíaca), o envelhecimento precoce, a disfunção erétil e a infertilidade na mulher:

> O vício funciona assim: receptores de nicotina do cérebro identificam quando o nível da substância diminui no sangue e pedem mais cigarros, causando grande dependência. Quem sofre do vício do tabagismo fuma até quando está doente. Pesquisas já revelaram que 80% das pessoas que fumam desenvolvem dependência severa.

Parar de fumar é ao mesmo tempo uma necessidade e um desafio. Pode não ser fácil, mas é uma meta alcançável, com determinação, apoio médico e psicológico. O fumante terá que abandonar uma atividade prazerosa para seu cérebro, mas, em troca, ganhará fôlego, bem-estar, saúde e a chance de ver os netos e sobrinhos crescerem. Parece um bom negócio, não? O difícil é convencer nosso cérebro.

O primeiro passo é entender que não existem fórmulas mágicas. É preciso vontade e garra para largar o vício. Manifestações como nervosismo, insônia ou sonolência excessiva, diminuição na atenção e na velocidade do raciocínio e aumento de apetite são efeitos colaterais dessa guerra, mas que valem a pena o sofrimento inicial. As recompensas são muitas. Uma delas, talvez a mais importante: anos de vida com qualidade, lembra Barros Franco. Há medidas que ajudam a diminuir as consequências da falta de nicotina nos receptores do cérebro:

Converse com o seu médico e busque apoio em centros especializados, pois você não precisa enfrentar essa guerra sozinho. Medicamentos específicos e reposição de nicotina (em adesivos ou gomas de mascar), receitados pelo seu médico, amenizam os efeitos da abstinência e da privação do prazer ligada ao cigarro. Outra dica para aqueles que decidem parar de fumar é praticar exercícios físicos para melhorar o fôlego e aliviar a tensão. Evite álcool, café e alimentos condimentados, pois se relacionam diretamente com o cigarro. E se mantenha hidratado. Quando sentir vontade de fumar, respire, tome um copo de água e tente se concentrar no objetivo maior: uma vida sem cigarros. Com o apoio de parentes e amigos, será mais fácil. Os números a seguir (do INCA) são um estímulo a mais. Quem fuma tem chances:

- Dez vezes maiores de adoecer de câncer de pulmão.
- Cinco vezes maiores de sofrer infarto.
- Cinco vezes maiores de sofrer de bronquite crônica e enfisema pulmonar.
- Duas vezes maiores de sofrer derrame cerebral.

Mas, se você parar de fumar agora,...

- Após vinte minutos, sua pressão sanguínea e a pulsação voltam ao normal.
- Após duas horas, não há mais nicotina no seu sangue.
- Após oito horas, o nível de oxigênio no sangue se normaliza.
- Após dois dias, seu olfato já percebe melhor os cheiros, e seu paladar já degusta a comida melhor.
- Após três semanas, a respiração fica mais fácil, e a circulação sanguínea melhora.
- Após dez anos, o risco de sofrer infarto do coração será igual ao de quem nunca fumou, e o risco de desenvolver câncer de pulmão cai à metade.
- Após vinte anos, o risco de desenvolver câncer de pulmão será quase igual ao de quem nunca fumou.

Ainda tem alguma dúvida se vale a pena parar de fumar?

ÁLCOOL

Assim como o cigarro, o alcoolismo (mal que afeta entre 10% e 15% da população mundial) faz grandes estragos à sua saúde. Por ser uma droga vendida livremente e de fácil acesso, nem sempre percebemos seu perigo. E, quando nos damos conta dele, o que era apenas abuso de álcool torna-se um vício grave, que atinge não apenas o alcoólatra, mas todos ao seu redor. O alcoolismo é responsável pelo aumento de violência, internações hospitalares, perda de produtividade e mortes prematuras.

Em consequência do alcoolismo, a pessoa tem desejo incontrolável de beber, não tem controle sobre a bebida. Quando ficam sem ela, sofrem com sintomas de abstinência, incluindo náuseas, suores, tremores e ansiedade, e a necessidade de aumentar as quantias de álcool para sentir-se "alto". Então, quanto mais cedo pedir ajuda, melhores as chances de controlar o vício. A médica Analice Gigliotti, especialista em dependência química e membro do Comitê Global da Society for Research on Nicotine and Tobacco, nos ensina mais sobre o assunto:

> Tendo seu uso associado a cerimônias religiosas, festas, eventos culturais, reuniões de negócio e encontros sociais, o álcool é a droga mais consumida no planeta, a mais precocemente experimentada e a que mais mata na adolescência e no início da idade adulta. Cerca de 50% de todos os atendimentos em emergências de hospitais ocorrem por conta do abuso de álcool. Além disso, seu uso costuma estar associado a ações violentas, como homicídios, abusos sexuais e brigas domésticas. Apesar disso, existem evidências de que o consumo moderado de algumas bebidas alcoólicas, como o vinho, pode reduzir o risco de doenças cardiovasculares. O problema, nesse caso, é a definição consistente da palavra "moderado". Em algumas situações, é difícil determinar um nível seguro para o consumo. Como saber a quantidade certa para uma mulher grávida ou para quem usa medicamentos? Além disso, algumas pessoas têm maior vulnerabilidade genética do que outras para doenças relacionadas ao álcool. Tudo isso deve ser levado em consideração.

O grau de malefício que o consumo alcoólico pode causar dependerá da velocidade com que a bebida é consumida. Ingerir três drinques em uma hora é bem diferente de beber três drinques em três horas. Outro dado importante: o metabolismo da mulher é mais sensível aos efeitos do álcool. Elas absorvem a bebida mais lentamente e, portanto, se embriagam mais facilmente do que os homens. Por exemplo, uma dose em um homem de 70 quilos leva a uma concentração de 0,2 gramas de álcool por litro de sangue (g/l), em média. A mesma dose em uma mulher de 60 quilos corresponde a 0,3 g/l. Uma pesquisa publicada pela ONG Centro de Informações sobre Saúde e Álcool (Cisa) mostra que é preciso se conscientizar para os efeitos nocivos do álcool desde cedo. A maioria dos desastres de trânsito envolvendo álcool e direção acontece entre adultos de 21 a 45 anos e alcança 57% na faixa de 21 a 29 anos.

O tratamento do alcoolismo inclui desintoxicação, uso de medicamentos sob orientação de seu médico e apoio psicológico individual e/ou em grupo, além de participação da família do alcoólatra. Não pense que dá para se livrar dessa doença sozinho. Instituições como os Alcoólicos Anônimos (AA) podem ajudar.

VOCÊ ABUSA DO ÁLCOOL?

Para saber se você está bebendo além da conta, comece estabelecendo que uma dose corresponda, em média, a uma latinha de cerveja de 350 ml, a uma taça de vinho de 90 ml ou a uma dose de destilado de 30 ml. Esses exemplos contêm cerca de 10 a 12 g de álcool cada um. Um consumo abusivo corresponde a cinco doses diárias para os homens e três para as mulheres.

Para saber se o álcool está se tornando um problema na sua vida, responda às perguntas abaixo. O questionário chama-se CAGE, palavra em inglês que significa jaula, as quatro letras são um anagrama de *cut down* (redução), *annoy* (perturbação), *guilt* (culpa) e *eye-opener* (trago de bebida pela manhã).

1. Você já teve desejo de reduzir a quantidade de bebida ou parar de beber?

2. As pessoas o perturbam por causa de sua forma de beber?

3. Tem se sentido culpado em virtude do seu consumo alcoólico?

4. Bebe logo de manhã, para se acalmar ou diminuir a ressaca?

Duas ou mais respostas afirmativas indicam abuso. Que tal procurar seu clínico para uma avaliação mais detalhada?

ALIMENTAÇÃO

Depois de falarmos sobre cigarro e álcool, você pode estar se perguntando se os problemas com o consumo de comida deveriam ser postos no mesmo patamar desses dois. Não seria exagero? Na verdade, não. O excesso de peso é uma epidemia global, e a obesidade, um grave problema de saúde pública. Segundo o Instituto Brasileiro de Geografia e Estatística (IBGE), 49,6% da população brasileira estão acima do peso, e 13,9%, obesos. E a situação tende a se agravar em todos os grupos etários: 82% dos brasileiros abusam de gordura saturada, e 61%, de açúcar. Quase 90% não comem a quantia diária (400 g) de frutas, legumes e verduras. Hoje, 15% dos brasileiros entre 6 e 18 anos estão com sobrepeso; 5% são gordos. Isso mostra que a educação alimentar deve começar ainda na gestação.

Entre as doenças relacionadas ao problema estão cânceres (mama e tumor agressivo de próstata, segundo alguns estudos), hipertensão, diabetes, apneia obstrutiva do sono, gordura no fígado, acidente vascular encefálico (derrame), aumento do colesterol e dos triglicerídeos, infarto, aterosclerose (formação de trombos nas artérias), doenças das articulações e transtornos psicológicos. Para nos ajudar a entender por que é tão difícil, mas não impossível, se manter no peso adequado, vamos saber o que diz o endocrinologista Ailson Soares Gomes, mestre em endocrinologia pela PUC-Rio:

> A obesidade não tem uma única causa; ela é uma associação de fatores comportamentais, culturais, genéticos, fisiológicos e psicológicos. O mau funcionamento do sistema hormonal, especialmente da glândula tireoide e dos ovários, também contribui para a obesidade.

Então, como evitar a obesidade? Para controlar o peso, a equação é simples: é preciso equilibrar a quantidade de calorias ingeridas diariamente com o que é gasto em energia pelo organismo. Se aumentarmos a quantidade de comida ou reduzirmos o gasto calórico, isso resultará em um acúmulo de gordura corporal.

Assim, o objetivo do tratamento da perda de peso é mantê-lo dentro da faixa normal do Índice de Massa Corporal (IMC), o resultado da divisão do peso em quilos pelo quadrado da sua altura, em metros. IMC: kg/m^2. Deve-se considerar uma redução de 10% do peso inicial, em um período de seis meses. Isso implica, claro, uma mudança de hábitos, incluindo dieta saudável e a prática regular de exercícios físicos. O apoio psicoterápico é essencial na maioria dos casos. É importante lembrar que os exames clínicos e laboratoriais podem dizer se a obesidade tem origem em outras doenças.

O uso de remédios para emagrecer, sempre associado à dieta e à atividade física, só é indicado para pessoas com IMC superior a 30 kg/m^2 e deve ser sempre acompanhado por médico especializado e reconhecido pela Sociedade Brasileira de Endocrinologia e Metabologia (Sbem). Atualmente ainda são poucos os medicamentos eficazes contra a obesidade. Além disso, as opções atuais levam a um ganho de peso assim que o consumo do fármaco é interrompido. No Brasil, a Anvisa proibiu em 2011 a venda dos remédios inibidores de apetites e classificados como psicotrópicos, pois agem no sistema nervoso central e causam dependência. A Anvisa só autoriza outra classe de droga para emagrecer, a sibutramina, e mesmo assim com muitas restrições, em razão de possíveis efeitos adversos. Nos Estados Unidos e em países da Europa, a sibutramina é proibida, porque alguns estudos indicaram que ela aumenta o risco de doenças cardiovasculares em certos pacientes.

Quando o IMC é superior a 40 kg/m^2 por um período de no mínimo cinco anos (35 kg/m^2 com doenças associadas, como diabetes), existe a opção de operar o paciente, visando, geralmente, à redução do estômago e da área intestinal por onde o alimento passa; o que, em alguns casos, também controla a pressão e o diabetes. Há diferentes técnicas cirúrgicas e possíveis efeitos colaterais decorrentes do procedimento, como menor capacidade de absorver vitaminas e outros nutrientes e a diarreia, necessidade de plásticas para eliminar a flacidez. A operação não se aplica a todos os casos. Portanto, seu clínico é a pessoa indicada para esclarecer suas dúvidas e recomendar o tratamento adequado.

Só medir o IMC, no entanto, não basta para saber os riscos. É preciso levar em conta níveis de pressão e de gorduras no sangue; e, principalmente, a concentração de gordura no abdômen (acima da cintura): homens com circunferência de cintura acima de 94 cm e mulheres com circunferência acima de 90 cm são mais propensos a sofrer de diabetes e doenças cardiovasculares. Obesos também apresentam mais enfermidades respiratórias, porque o excesso de tecido gorduroso cria maior resistência à expansão do tórax, o que pode causar apneia (falta de ar) durante o sono e a privação de oxigênio e nutrientes a órgãos vitais.

SAIBA COMO MEDIR SEU IMC

Uma fórmula simples para você saber se está acima do peso é medir o seu Índice de Massa Corporal (IMC). Basta dividir o peso em quilos pelo quadrado da sua altura, em metros. IMC: (em kg/m^2). Veja o seu resultado:

Menos que 18,5 = baixo peso
Entre 18,5 e 24,9 = normal
Entre 25 e 29,9 = sobrepeso
Entre 30 e 34,9 = obeso
Entre 35 e 39,9 = obeso em grau 2
40 ou mais = obesidade mórbida

Vamos! Vamos!
Olha a hora!
Calma, Laura!
Você vai acabar
tendo um
infarto.
Não tenho
tempo pra
isso.

7. BATE, BATE, BATE, CORAÇÃO!

Oco, do tamanho de um punho e pesando de 250 a 350 gramas, nosso coração trabalha 24 horas de graça, sem ninguém pedir; envia sangue para todo o corpo; e, assim como o estômago e os intestinos, é sensível às nossas emoções. Acelera quando estamos estressados ou apaixonados e acalma quando relaxamos. E, apesar de toda sua dedicação - não há um órgão que viva sem ele -, nem sempre o coração recebe o carinho devido. Ele precisa reclamar ou até mesmo se desligar para chamar a nossa atenção. O hábito de fumar, a falta de exercícios e o abuso de álcool e de comidas gordurosas são os seus principais inimigos, enfraquecendo-o. Aqui, com a colaboração dos cardiologistas da minha equipe, Aline Vargas, Edno Wallace e Flávia de Deus; do Eduardo Saad, com especialização na Cleveland Clinic, e do neurologista Ricardo Novis, professor da Santa Casa do Rio de Janeiro, vamos aprender a cuidar bem do nosso coração.

PREVENIR É O MELHOR REMÉDIO

Não raro recebo ligações de meus pacientes me perguntando se estou satisfeito com o resultado de seus exames de laboratório e ouço comentários do tipo "Eu não lhe disse, doutor! Estou 100%, os meus resultados estão ótimos". Quase sempre são esses que precisam de maior atenção, ou porque tendem a negar um problema de saúde ou porque talvez não saibam interpretar os dados do laudo do laboratório. Só o seu médico poderá ter certeza de que está tudo bem, apesar de resultados aparentemente bons de que, principalmente em casos de histórico de doenças cardiovasculares na família. Os exames de laboratório são complementares. Uma pessoa que já sofreu infarto é diferente de outra sem sintomas. A ideia de que, se os valores dos exames estão bons, a visita ao médico é dispensável é errada.

NO COMPASSO

O coração é terra de ninguém, dizem os apaixonados. E com certa razão. Ele tem um ritmo próprio e pode bater descompassado, rapidamente ou lentamente, por amor ou tristeza. Mas nem sempre isso é desencadeado pela emoção. Alterações, como problemas no sistema elétrico do órgão, também o deixam descontrolado, fora de sincronia.

Para entender melhor, primeiro é preciso saber como funciona o coração. Ele tem quatro cavidades, dois átrios e dois ventrículos. O lado direito do órgão recebe o sangue sujo (que vem das veias, o venoso) e o encaminha aos pulmões, no qual ele será limpo e oxigenado. Então, o sangue chega ao átrio esquerdo, vai para o ventrículo esquerdo e é bombeado para a grande artéria do organismo, a aorta, que, por sua vez, o distribui para todo o corpo.

Porém, para que os átrios se contraiam, a parte superior do coração, e depois os ventrículos, eles dependem de uma sofisticada rede elétrica, conforme explica o cardiologista Eduardo Saad:

> É através dessa rede que se dá um estímulo chamado ritmo sinusal, ou seja, o batimento normal do coração, em

uma frequência entre sessenta e cem batimentos por minuto em pessoas saudáveis. Quando ela é menor do que sessenta, classificamos de bradicardia e, se for superior a cem, de taquicardia. A essas alterações chamamos de arritmias, que não necessariamente precisam de tratamento. Mas é bom investigar, porque podem estar associadas a síndromes que aumentam o risco de morte súbita, inclusive em atletas ou praticantes de esportes.

Na consulta, é preciso levar em conta vários fatores: se a arritmia aparece em um coração normal ou num que sofreu infarto; se é manifestação de outro problema, como alterações na glândula tireoide ou baixa de potássio no sangue; se a arritmia vem dos átrios ou dos ventrículos; entre outras questões. E temos as respostas nos exames clínicos e cardiológicos, como o eletrocardiograma de 24 horas.

Entre as arritmias mais frequentes, há uma que aparece na parte superior do coração, a fibrilação atrial. Nesse caso, os átrios não se contraem corretamente e ficam tremendo ou fibrilando. Ela preocupa, pois favorece a formação de trombos ou coágulos, que podem se deslocar para o cérebro, levando a um acidente vascular encefálico (o derrame). Sabe-se que essa falha atinge 1% da população em geral, chegando a 10% em pessoas acima dos 80 anos. Apesar de habitualmente estar associada a outras doenças cardíacas, a fibrilação atrial – importante fator de risco para morte súbita – afeta corações saudáveis, sem produzir sintomas.

O tratamento da fibrilação visa ao alívio dos sintomas e à prevenção das complicações. O médico poderá receitar medicamentos que diminuem a frequência cardíaca e anticoagulantes, remédios que reduzem a chance de formação de trombos. Porém, como qualquer fármaco, tanto os anticoagulantes como os antiarrítmicos têm efeitos colaterais indesejáveis e, às vezes, graves. Em alguns casos, uma opção é a técnica de ablação com cateter, na qual se cauteriza o foco da arritmia.

Por falar em arritmias, vale lembrar que não se deve iniciar qualquer atividade física sem antes passar por *check-up* clínico ou cardiológico. Isso porque mesmo atletas correm risco de morte súbita.

Por exemplo, a taxa de glicose (açúcar) no sangue, conhecida como glicemia, é referência para o diagnóstico de diabetes, e, cada vez mais, o seu valor considerado normal vem caindo. Hoje, os índices em jejum devem ficar abaixo de 100 mg/dl. Com um resultado de 100 a 125, acende-se o sinal amarelo: é o alerta de pré-diabetes. Dois exames de glicemia em jejum acima de 125 mg/dl confirmam o diagnóstico. Já a hemoglobina glicada – o exame mostra a glicemia em um período mais longo, cerca de três meses – controla o diabetes, e o seu valor normal não deve passar de 5,8.

BARRIGA DE CHOPE OU SÍNDROME METABÓLICA?

Há quem brinque ou mesmo ache *sexy* a barriguinha aparente. Pode até ser, mas talvez essa gordurinha que insiste em se concentrar na cintura seja o sinal mais visível da síndrome metabólica, conjunto de características que incluem obesidade, hipertensão e elevação do açúcar no sangue e dos triglicerídeos. Essa condição leva à inflamação e à formação de trombos nas artérias, fatores que aumentam o risco de doença cardiovascular e diabetes. Segundo a Sociedade Brasileira de Cardiologia, a síndrome metabólica caracteriza-se quando a pressão arterial está acima de 130/85 mmHg; o HDL colesterol é menor que 40 mg/dl para homens e 50 mg/dl para mulheres; os triglicerídeos estão acima de 150 mg/dl; a glicose está acima de 100 mg/dl; e a cintura abdominal é maior do que 94 centímetros para homens e 90 centímetros para mulheres.

Atualmente, nos consultórios a fita métrica é tão importante quanto o estetoscópio, a balança e o aparelho de pressão. O ganho de peso é o principal fator para a síndrome metabólica. Outros fatores são idade, pós-menopausa, fumo, baixa renda familiar, dieta rica em carboidratos e histórico familiar de diabetes, assim como sedentarismo e genética. Essa síndrome também está associada a doenças como gordura no fígado, apneia do sono, demência, mau funcionamento dos rins e câncer. E só tem um jeito de preveni-la: reduza seu peso se estiver acima do ideal; pratique exercícios físicos; e controle sua pressão arterial e suas taxas de gorduras e açúcar no sangue. E ainda diga adeus ao fumo e aos excessos de álcool e sal. A barriguinha pode até ser *sexy*, mas em nada contribui para sua saúde. Muito pelo contrário. Pode acabar de vez com ela.

E os triglicerídeos? Há alguns anos, essa gordura não merecia grande importância, inclusive por parte de cardiologistas. Porém, isso mudou. Ela é fator de risco para a síndrome metabólica, que é a associação de acúmulo de gordura na cintura, diabetes, hipertensão e alterações nas taxas de gorduras. O seu nível normal deve ser inferior a 150 mg/dl. Quando o índice está acima de 500 mg/dl, pode ocorrer inflamação do pâncreas. O consumo em excesso de carboidratos, principalmente os simples - de absorção rápida (não integrais) -, como pães, massas, batata, arroz comum, doces e bebidas alcoólicas, é o principal responsável pelo aumento dos triglicerídeos.

O nível de colesterol para pessoas que não apresentam entupimento ou obstruções de artérias deve ser menor do que 200 mg/dl. E essa gordura tem frações, sendo as mais importantes o HDL (sigla em inglês de lipoproteína de alta densidade), ou colesterol bom e protetor, e o LDL (lipoproteína de baixa densidade), o ruim. O HDL deve ser maior do que 40 mg/dl nos homens e acima de 50 mg/dl nas mulheres. Já os índices de colesterol para quem sofreu infarto ou foi operado do coração (recebendo, por exemplo, implante de pontes de safena e mamária para revascularização do músculo cardíaco) são diferentes: colesterol total menor do que 180 mg/dl e LDL menor do que 100. Em casos de alto risco, como infartado com diabetes, o ideal é ter LDL menor do que 70 mg/dl, e o HDL deve estar acima de 40 mg/dl. Habitualmente, esses valores só são atingidos com medicamentos para baixar o colesterol, conhecidos como estatinas, que, como qualquer fármaco, tratam, mas provocam efeitos indesejáveis. Portanto, é melhor se cuidar para não precisar dessas drogas ou até mesmo de uma operação de ponte de safena ou de angioplastia.

E uma informação importante: o coração da mulher, pelo menos no aspecto estrutural, morfológico, é diferente do coração do homem. No sexo feminino, as artérias que irrigam o coração (as coronárias, principalmente) são mais finas do que no sexo masculino, tanto que as mulheres apresentam mais problemas na microcirculação e têm menor capacidade de contração e relaxamento desses vasos, que, com o passar dos anos, se tornam mais rígidos.

Por outro lado, graças à ação de estrógenos, elas estão mais protegidas do que eles; mas isso só até a menopausa. Essa, inclusive, é uma das razões do surgimento tardio de doença coronariana na mulher, em média dez anos a mais em relação aos homens. Um problema é que 50% das mulheres que infartam podem não manifestar os sintomas típicos de dor intensa e forte no centro do peito, se irradiando para os braços e as costas. Às vezes, quando sofrem um ataque cardíaco, elas reclamam apenas de desconforto, cansaço intenso, suores, o que dificulta o atendimento de urgência, essencial para evitar a morte de células do músculo do coração (o miocárdio). Esta é ainda irreversível, apesar das atuais e promissoras pesquisas com células-tronco injetadas no coração.

Até mesmo um dos testes para ver como está coração, a prova de esforço em esteira, é menos sensível e mais difícil de ser analisado nas mulheres do que nos homens. Além disso, elas apresentam maior incidência de doenças autoimunes, ou de autoagressão, como artrite e lúpus, males que aumentam o risco de doença cardíaca. Vale ressaltar que as fumantes usuárias de anticoncepcionais orais correm ainda maior perigo. Portanto, mulheres, tratem bem de seus corações, não só no aspecto emocional.

• PARA NÃO ESQUECER •

- Diabetes, fumo, hipertensão arterial, não praticar exercícios físicos e taxas de gorduras elevadas no sangue são importantes fatores de risco, mesmo na ausência de sintomas.

- Somente seu médico está capacitado para interpretar os exames de laboratório.

- As drogas utilizadas para o controle de níveis de colesterol devem ser usadas sob supervisão médica. O melhor é fazer de tudo para não ter que passar o restante da vida tomando esses comprimidos.

A PONTO DE EXPLODIR

Os cuidados com o coração, especialmente o controle da pressão arterial, começam desde a gravidez, quando a gestante faz o pré-natal e segue à risca as recomendações de seu ginecologista e obstetra, e continuam após o nascimento do bebê. Com o pediatra, ela aprenderá que alimentação balanceada e exercício físico são essenciais para o desenvolvimento de uma criança saudável. Hoje, segundo o Instituto Brasileiro de Geografia e Estatística (IBGE), 15% dos brasileiros entre 6 e 18 anos já estão com sobrepeso, e 5% são obesos. Esses índices continuam em elevação, especialmente nas camadas pobres. E uma pesquisa com mais de cem crianças e adolescentes obesos, divulgada na revista clínica *Pediatrics*, mostrou que a tendência à obesidade é maior até os 2 anos. Isso tem a ver com uma dieta de má qualidade, introdução precoce de alimentos sem valor nutritivo, e, claro, falta de atividade física. E mesmo crianças que não estão acima do peso ou obesas podem ter problemas de coração em decorrência da hipertensão. Estudos apontam que a doença atinge 5% das crianças e dos adolescentes no país.

A hipertensão é um inimigo oculto. Hoje, estima-se que 30% dos brasileiros sofram de pressão alta, segundo a Sociedade Brasileira de Hipertensão (SBH). Para piorar o quadro, essa alteração só apresenta sintomas (dores de cabeça e na nuca, tonteiras e mal-estar) quando já se instalou há muito tempo. Ela aparece quando a pressão permanece descontrolada, com valor maior ou igual a 140/90 mmHg, (o ideal é 120/80 mmHg/máxima e mínima, ou **sistólica** e **diastólica**, respectivamente). Em 95% dos casos não existe causa específica, mas o abuso de sal e gorduras, o hábito de fumar, o estresse, o excesso de gordura na barriga e a vida sedentária contribuem para o endurecimento das artérias, o que altera a pressão arterial.

No Brasil, a hipertensão afeta mais de 50% das pessoas acima de 60 anos e é responsável por 40% dos infartos, 80% dos derrames cerebrais (AVC) e 25% dos registros de insuficiência renal.

CORAÇÃO CANSADO

É comum ouvir pacientes reclamando que estão cansados, um sintoma associado não só ao coração, mas a doenças como anemia, hipotireoidismo, depressão, apneia do sono etc. Parece besteira, mas é preciso investigar para afastar a hipótese de mau funcionamento do músculo cardíaco (o miocárdio), o que, em casos graves, causa falta de ar mesmo quando se fazem pequenos esforços ou se está em repouso.

A chamada insuficiência cardíaca tem várias causas. Uma delas é a hipertensão arterial, que leva ao crescimento do coração. Outras causas de insuficiência cardíaca são as doenças coronárias e das válvulas cardíacas (miocardite, a inflamação do músculo cardíaco por vírus e bactérias), além de abuso de álcool, diabetes, distúrbios da tireoide e medicamentos quimioterápicos.

Para o diagnóstico, podem recorrer, além de ao histórico familiar e ao exame físico, a exames de eletrocardiograma, análise laboratorial, radiografia de tórax, ecocardiograma, cintilografia, tomografia e ressonância do coração, cateterismo cardíaco, biópsias do músculo cardíaco e até testes genéticos. O tratamento dependerá de cada caso, podendo ser necessário o implante de marca-passo ou até mesmo o transplante cardíaco.

Associada ou não ao excesso de peso e às altas taxas de glicose e gorduras no sangue, a hipertensão enfraquece o coração. Ele perde sua força, sua capacidade de se contrair. Em uma tentativa de dar conta de seu trabalho, ele cresce, aumenta de volume, e suas quatro válvulas não se fecham nem se abrem corretamente. As artérias coronárias e outras importantes vias de irrigação de sangue oxigenado e nutrido se entopem, e o coração fica incapacitado de bombeá-lo para os órgãos vitais, inclusive o cérebro. Este, com seus vasos muito finos, é um dos primeiros a pifar, vítima da má irrigação (a isquemia) e da morte de neurônios (o acidente vascular encefálico, ou derrame). Quer ajudar seu coração? Corte o sal, exercite-se regularmente, coma com moderação alimentos gordurosos, não abuse do álcool, controle sua taxa de açúcar no sangue, não se estresse e pratique o bom humor.

TUDO ESCURO

A síncope, popularmente chamada de desmaio, é a perda súbita da consciência e ocorre, na maior parte dos casos, por causa da queda na pressão arterial. Ela pode ser de origem cardiológica, neurológica ou mista. Na maior parte das vezes, o risco é baixo ou benigno. Geralmente, acontece em consequência da hipotensão arterial em situações que envolvem estímulo do sistema vagal, como na hora de coletar sangue, quando pessoas podem ficar tontas e com a vista escura, ou quando um soldado fica muito tempo de pé em um dia de sol durante um desfile militar. Por outro lado, pessoas com passado de infarto do miocárdio ou com histórico de morte súbita na família representam um grupo de alto risco. Nesses casos, o acompanhamento médico é necessário. O neurologista Ricardo Novis apresenta algumas dicas que poderão ajudá-lo:

> Ao socorrer uma pessoa que desmaiou, não tente levantá-la. Deixe-a deitada, eleve as pernas da vítima e procure auxílio médico ou uma emergência. Se você sentir que vai desmaiar e estiver sozinho, se possível deite, eleve as pernas e aperte uma mão contra a outra. Essas manobras ajudam a elevar a pressão arterial.

A-TCHIM!
Ô mãe,
o papai também
tem alergia a
criança?

8. DOENÇAS RESPIRATÓRIAS: COMO CONVIVER COM ELAS

Fumo, poluentes, ácaros, pelos, infecções por vírus e bactérias, além de fatores genéticos, são as principais causas das doenças respiratórias, males que afetam pulmões, brônquios, faringe, laringe, entre outros órgãos. São pelo menos 14 tipos, incluindo asma, rinite, alergias, gripe e resfriado, responsáveis por grande número de faltas ao trabalho, o que implica não só a perda de produtividade, mas a piora da qualidade de vida. A boa notícia é que podemos aprender.

AR RAREFEITO

Sensação de falta de ar, dificuldade de respirar, acompanhada de tosse e chiado no peito são os sintomas mais conhecidos da asma, doença crônica, quase sempre de origem genética, que inflama e estreita os brônquios e que pode ser desencadeada por ácaros, poeira doméstica, fumo, substâncias irritantes - como perfumes e produtos de limpeza -, exercícios físicos sem orientação, mudanças de temperatura, refluxo do ácido do estômago, consumo de sulfito (aditivo de alimentos como cerveja e vinho), gripe, sinusite e, ainda, transtornos emocionais, como ansiedade. São tantos fatores desencadeantes, que não dá para se descuidar, porque a reação pode ser extremamente grave.

Estima-se que, no Brasil, sejam 15 milhões de pessoas (dentre eles, 10% a 15% crianças em idade escolar) que passam muito tempo em ambientes fechados expostas a alérgenos, como poeira, mofo, pelos e substâncias químicas irritantes. E há outro fator, pouco comentado: a epidemia de obesidade. Alguns pesquisadores relacionam o excesso de peso com um risco maior de crises de asma.

A cura para a asma ainda não foi encontrada; porém, se você sofre com seus sintomas, quanto mais souber sobre a doença, melhor será sua qualidade de vida. Em 2006, a Pesquisa Global sobre Asma entre Médicos e Pacientes, realizada em 16 países, inclusive no Brasil, mostrou que dois terços dos pacientes não sabiam que a asma pode ser fatal se não é controlada, como explica o pneumologista Gustavo Nobre, chefe do CTI da Casa de Saúde São José, no Rio de Janeiro.

> O tratamento da asma inclui higiene do ambiente, uso de medicamentos e, quando necessárias, vacinas sob supervisão de seu médico. Os remédios visam ao alívio de crises (broncodilatadores) e à prevenção (inalação de corticosteroides). E um alerta: os medicamentos profiláticos precisam ser tomados todos os dias. O problema é que muitos asmáticos se esquecem disso ou negligenciam o tratamento. No estudo mundial, 82% deles revelaram que não seguiam à risca as recomendações médicas.

ESPIRROS PARA TODO LADO: GRIPES E RESFRIADOS

Mais comuns que a asma, as gripes e os resfriados são causados por vírus transmitidos pelo contato com as gotículas de saliva ou com a secreção nasal de pessoas contaminadas. Enquanto o vilão da gripe é o vírus *Influenza* (há diversos tipos dele), o resfriado apresenta uma extensa lista de inimigos, que chega a 200 subtipos, sendo o mais comum o Rinovírus. O ataque dessa turma é o principal motivo de falta ao trabalho e à escola em todo o mundo, afetando todas as faixas etárias, a maioria crianças e idosos.

A gripe é uma infecção viral com maior potencial de complicações em crianças e idosos quando comparada ao resfriado, segundo alerta a pneumologista Cynthia Pontes Saad, especializada pela Cleveland Clinic Foundation. Essa infecção causa calafrios, febre, congestão nasal, coriza, dor de garganta, dores musculares e de cabeça, tosse, cansaço e mal-estar, além de pneumonia em casos complicados, com risco de morte, em especial para crianças e idosos.

> Normalmente, a melhora da gripe ocorre espontaneamente, em sete a 15 dias. Mas crianças com menos de 2 anos, idosos, cardíacos, diabéticos e portadores de problemas renais, no fígado e no pulmão estão vulneráveis. O tratamento visa ao alívio dos sintomas e é feito com descongestionantes e antialérgicos, receitados pelo médico. Os antibióticos só deverão ser usados em casos específicos, após rigorosa avaliação médica.

Melhor é prevenir. E a vacinação anual é uma medida eficaz, pois reduz de 70% a 90% a infecção pelo vírus *Influenza* e os efeitos maléficos da gripe, doença altamente transmissível. Além de tomar a vacina, limpe frequentemente as mãos com água e sabão ou álcool, mantenha-se longe de pessoas gripadas e resfriadas e evite aglomerações. A gripe e o resfriado não ocorrem por exposição ao ar ou ao clima frio nem pelo consumo de alimentos gelados. Se você está infectado, proteja sua boca e o seu nariz com lenço de papel, que deverá ser imediatamente descartado, ao tossir e ao espirrar. A gripe e o resfriado ocorrem todo o ano, mas têm maior incidência nos meses de frio. Sob temperatura baixa e pouca radiação ultravioleta, o vírus sobrevive mais tempo no ar.

No caso de resfriados, não existe vacina. Mas, assim como na gripe, se o seu sistema imunológico está fortalecido, os sintomas são leves. Essa proteção é obtida com o fim de hábitos nocivos, principalmente o de fumar. No resfriado, os sintomas são espirros, coriza, congestão nasal, tosse, dor de garganta e mal-estar. Às vezes ocorre conjuntivite leve. Febre é incomum em adultos, e os sintomas se mantêm de três a sete dias. Assim como em outras doenças, diabéticos, cardíacos, obesos, desnutridos e fumantes têm mais complicações.

COF, COF, COF – TOSSE

A tosse é um reflexo súbito e, muitas vezes, repetido, que ajuda a limpar as vias respiratórias de secreções, fatores irritantes, partículas estranhas e micróbios. Porém, se dura mais de oito semanas, pode ser sinal de algum problema, como infecção do trato respiratório (pneumonia, tuberculose e coqueluche), ou mesmo de coração cansado, asma, refluxo e tumores de pulmão. Portanto, não negligencie o sintoma, alerta Marcelo Kalichsztein, mestre em pneumologia pela UFRJ e chefe do CTI da Casa de Saúde São José, no Rio de Janeiro:

> Além da história clínica e do exame físico, testes de laboratório e raios X do tórax e dos seios da face, entre outros, apontam a causa da tosse crônica, que pode estar associada até mesmo a doenças do coração e do sistema digestivo.

CORIZA, MAL-ESTAR... RINITE

Lenço na mão, coriza e coceira no nariz, na garganta e nos olhos, tosse... É assim o dia a dia de quem sofre de rinite, e não são poucos. Estima-se que de 10% a 30% das pessoas sofram dessa doença alérgica. Há relatos de pessoas que chegam a espirrar uma dúzia de vezes em sequência. A rinite pode parecer inofensiva, pois não leva a internações, mas piora muito o bem-estar e a vida social e, em muitos casos, pode estar associada à asma, conjuntivite e sinusite.

A rinite é uma forma de alergia. As alergias acontecem por causa da produção em excesso e da ação do anticorpo chamado imunoglobulina E (ou anticorpo IgE). Por algum motivo, o organismo entende que está sendo atacado por uma proteína estranha e dispara seu exército de IgE, causando reações indesejáveis. E isso vale para outras situações, como alergia alimentar, uso de medicamentos etc.

Assim como em outras alergias respiratórias, a exposição contínua aos alérgenos, como cheiro forte, fumo, poluição e ar frio, inflama, de forma crônica, a mucosa nasal, a principal causa da rinite, cujo diagnóstico é confirmado na consulta clínica e por exames laboratoriais. Seu tratamento inclui redução à exposição aos alérgenos, retirada de carpetes e cortinas de tecido, colocação de forros antialérgicos em colchões e travesseiros e limpeza frequente do ambiente. Fazer irrigação nasal com solução salina ajuda. Dependendo do caso, o médico receitará corticoides nasais e antialérgicos orais. Há, ainda, vacinas que reduzem a sensibilidade a determinados agentes alérgicos, sendo boa medida em casos específicos.

PROTEJA-SE DAS CAUSAS DA ALERGIA

Os cuidados com um ambiente seguro incluem ainda proteção contra as alergias, causadas principalmente por ácaros, comenta Melanie Hurel Barroso, alergologista da Policlínica Antônio Ribeiro Netto e da Terceira Policlínica Militar do CBMERJ. Além de ácaros, alergias são causadas por fungos, pelos ou penas e restos de baratas. Saiba como se proteger:

- Mantenha a casa arejada, abrindo as janelas e deixando os raios do sol entrar.
- Forre o travesseiro e o colchão com capas impermeáveis, material pronto em PVC, PVC e algodão ou PVC e poliéster.
- Evite cobertores. Use edredom. Lave a sua roupa de cama toda semana, se possível em água quente (entre 55 e 60 graus).
- Retire carpetes (é melhor substituí-los por piso frio ou de madeira) e cortinas de pano (use cortinas em PVC ou persianas e faça a limpeza delas com frequência).
- Remova objetos que acumulam poeira, como enfeites, bichos de pelúcia e revistas antigas.
- Use tecidos impermeáveis para o estofamento da mobília.
- Use ar-condicionado com filtro de alta eficiência para a remoção de ácaros e fungos (filtro Hepa), principalmente nos quartos. Evite ventilador.
- Conserte as infiltrações e aplique fungicidas em áreas muito contaminadas. Reduza a umidade local usando desumidificadores.

- Não fume. Evite contato com fumantes e fumaças (incenso, lareira e queima de lixo) e produtos com cheiro forte, como desinfetantes, tintas, talcos e solventes.

• PARA NÃO ESQUECER •

- O asmático deve manter uma boa higiene de seu ambiente, não praticar exercício físico sem supervisão e só deve usar os medicamentos receitados pelo seu médico. E cuidado com os xaropes ditos "milagrosos" para o alívio da tosse, que podem causar efeitos indesejáveis. Se as crises são desencadeadas por reação alérgica, evite seus gatilhos, tanto quanto possível. Saiba que os sintomas de um ataque de asma aguda desaparecem após o tratamento adequado, mas isso não significa cura.

- Uma boa maneira de se proteger da gripe é se vacinar.

- Quando for possível, evite aglomerações e não passe muito tempo em ambientes fechados. Procure lavar as mãos frequentemente e consulte seu médico, mesmo quando um sintoma parecer pouco importante, como a tosse ou algum sintoma da rinite.

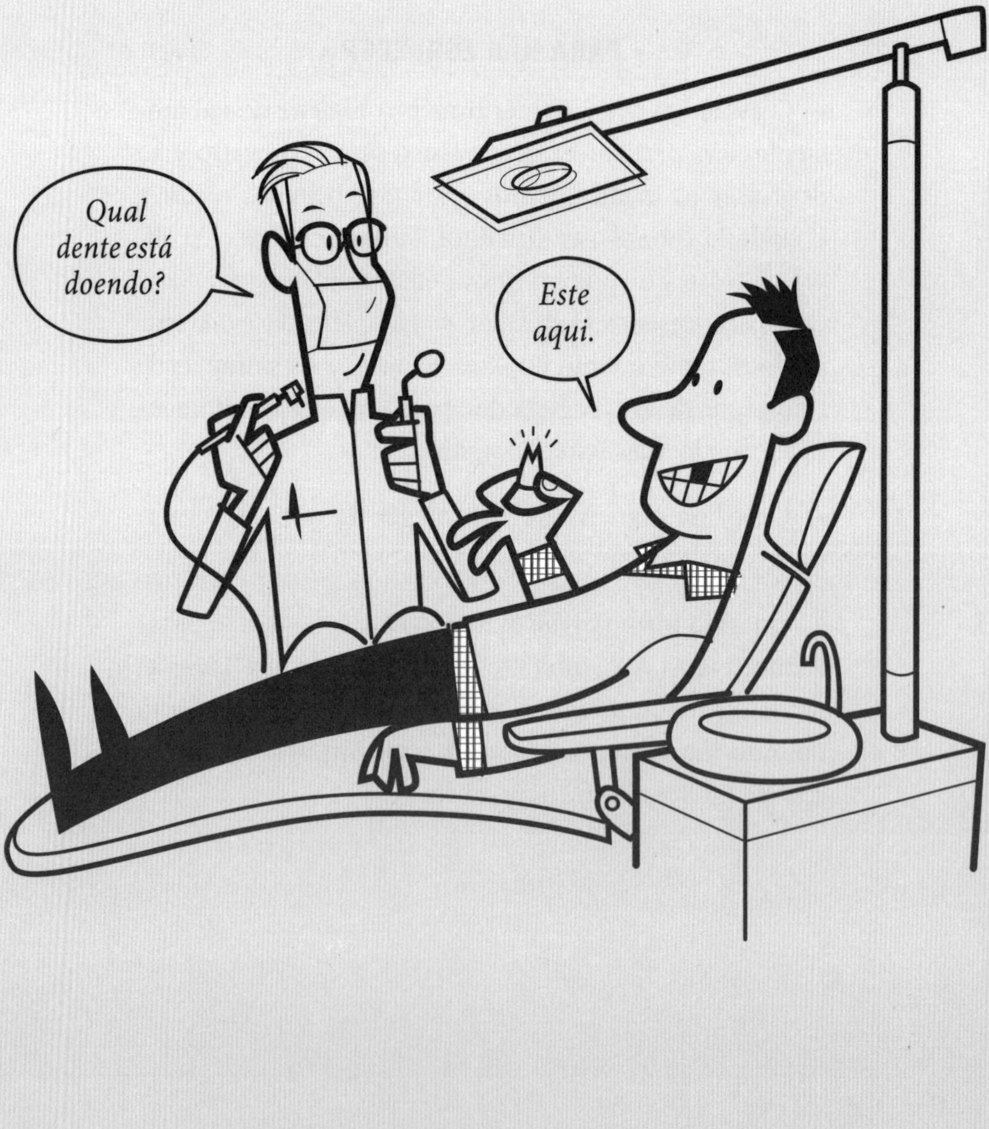
Qual
dente está
doendo?
Este
aqui.

9. DENTES, VOZ, OLHOS, OUVIDOS, PELE

Quase sempre quando se fala em cuidado com a saúde, a tendência é prestarmos maior atenção aos grandes órgãos, como cérebro, coração, pulmões e intestinos. Porém, não menos importantes são os dentes, a voz, os ouvidos, os olhos e a pele. Eles podem dar os primeiros sinais de alerta em casos de doenças. Então, vamos aprender a cuidar melhor deles.

DENTES FORTES

A odontologia é uma área-chave para o bem-estar. Ao cuidar da boca e dos dentes, os benefícios estéticos acabam sendo consequência natural, lembram as cirurgiãs-dentistas Adriana Lucena, periodontista com MBA em Saúde pela Coppead/UFRJ, e Tatiana Dourado, mestre em biomateriais e especialista em prótese dentária pela UERJ.

Estudos mostram que o acúmulo de germes nas estruturas dos dentes causa inflamações e infecções que podem afetar até mesmo o coração. Alguns cientistas são ainda mais incisivos ao afirmar que as pessoas que escovam mal os dentes e raramente se sentam à cadeira do dentista estão propensas a desenvolver cânceres orais e parto prematuro, já que, neste caso, a infecção das gengivas estimula a produção de prostaglandina, substância que pode induzir ao parto, segundo indicou estudo britânico publicado no *Journal of Periodontology*. Inclusive, há casos de agravamento do quadro de diabetes em pacientes com doença periodontal não tratada (grau mais avançado da inflamação da gengiva), pois pode haver diminuição da absorção de insulina.

Todos esses estudos carecem de novas análises, com maior número de pacientes. Mas a certeza é a de que a concentração de bactérias ao redor dos dentes produz placas bacterianas que afetam as gengivas e outras estruturas da boca. De mansinho, micro-organismos que vivem por ali entram nos tecidos e liberam toxinas que inflamam as gengivas (a gengivite). Com facilidade, alcançam o sangue, chegando de carona ao coração e a outros tecidos. Dependendo do ataque e do estado de saúde do indivíduo, estruturas de suporte dos dentes são atingidas, perdendo colágeno e se enfraquecendo. No coração, bactérias que vivem em harmonia na boca, sem causar doenças, podem fazer um estrago. Cerca de 600 espécies de bactérias vivem na boca, formando uma colônia de bilhões.

É assustador? Sim, mas ninguém precisa passar por isso. A escovação correta, diariamente e após as refeições, com o uso de fio dental, ajuda bastante na proteção aos dentes, ensina a dentista Adriana Lucena:

> Um adulto tem 32 dentes, incluindo os quatro sisos. Se bem cuidados, eles permanecem saudáveis, desempenhando suas funções até a melhor idade. O cuidado com a saúde oral começa na gravidez e deve ser estimulado logo nos primeiros meses de vida, antes mesmo do nascimento dos dentinhos de leite. Estes têm papel indispensável na formação de uma dentição adulta forte e saudável e precisam ser preservados, pois ocupam os lugares dos permanentes. E nunca é tarde para tratar da saúde bucal. Com o aumento da expectativa de vida, procedimentos antes só indicados para crianças e adolescentes hoje são direcionados também para adultos, como a

correção com aparelhos ortodônticos – mais modernos, imperceptíveis e confortáveis. O desenvolvimento de novas técnicas e de materiais resistentes para implantes tem melhorado a qualidade de vida e a saúde em casos de perda de dentes, principalmente na terceira idade, melhorando a mastigação, permitindo a boa nutrição e recuperando a autoestima, com um sorriso harmônico.

A escovação dentária deve ser feita, pelo menos, duas vezes ao dia, uma delas devendo ser acompanhada do uso do fio dental, segundo recomenda a American Dental Association (ADA), e, de preferência, antes de dormir, pois, no período noturno, há diminuição do fluxo de saliva, e ela tem importante papel no controle do Ph natural da boca e na remoção dos detritos alimentares. Com o fluxo diminuído, eles se acumulam, favorecendo a proliferação de bactérias. Com esse hábito, previne-se a formação de cáries e doenças das gengivas, que, em estágios avançados, levam à perda dos dentes, a chamada periodontite, provocada, em certos casos, por falhas genéticas.

Mas, diante de uma enorme variedade de escovas e cremes dentais nas prateleiras, quais são os melhores? Para os dentistas, a escova de cerdas macias, de preferência com cabeça pequena ou compatível com o tamanho da cavidade oral do indivíduo e que seja aprovada por entidades reconhecidas, como a Associação Brasileira de Odontologia, é uma boa opção. Quanto às pastas, as dentistas Adriana e Tatiana recomendam fórmulas com flúor e não muito abrasivas ao esmalte dentário. Na dúvida, consulte seu dentista. Uma vez desgastado, o esmalte não se recompõe, sendo necessária, às vezes, a restauração.

E quanto ao fio dental? É melhor usá-lo antes ou após a escovação? Como ainda não existe consenso, o importante mesmo é passar o fio dental.

Mas, apesar de sua importância, o fio dental, muitas vezes, fica esquecido no armário do banheiro ou *nécessaire*. Há pessoas que desistem de usá-lo porque reclamam de sangramento nas gengivas ao passá-lo. Acontece que a escova sozinha não dá conta do recado, pois as suas cerdas não alcançam todas as áreas. Para ter uma ideia, em apenas 48 horas com placa dental acumulada já se formam alterações vasculares no tecido das gengivas. E, se você passa o fio dental só de vez em quando, terá de fazer maior esforço para retirar os detritos acumulados, o que, por sua vez, causa o atrito que leva ao sangramento. Portanto, sem agredir as gengivas, insista no uso do fio dental, pelo menos uma vez ao dia. Em menos de uma semana o sangramento desaparecerá. Se isso não acontecer, visite seu dentista.

Ao limpar a boca, não se esqueça de escovar o dorso da língua, área que acumula grande quantidade de bactérias responsáveis não só por doenças das gengivas como pelo mau hálito. Estudos mostram que 70% dos casos de odor desagradável na boca são decorrentes de saburra lingual, um nome feio que explica a formação esbranquiçada de uma colônia de micro-organismos e restos alimentares na língua. E importante: o mau hálito também pode estar associado ao diabetes, à boca seca, a problemas respiratórios e gástricos. Nesse caso, de nada adianta chupar balinhas de menta. Elas apenas mascaram as causas do problema.

Não só o mau hálito prejudica o convívio social. O escurecimento dos dentes é constrangedor, mas tem solução. Desde que bem executado e indicado, o clareamento, em certos casos feito em casa com a orientação do dentista, é seguro e eficiente. Mas fica o alerta de que, se você insistir em abusar de refrigerantes e outras bebidas do tipo cola, mate, vinho tinto, café e chá verde, seus dentes continuarão amarelados, sem vida. Essas bebidas têm pigmentos de cor marrom, que mancham os dentes. Se gosta tanto desses líquidos, beba ao menos os refrigerantes, sucos e chás de canudinho para minimizar o contato dos corantes com o esmalte dos dentes. Outra dica é fazer bochechos com água pura logo após o consumo das bebidas. Fumar também marca profundamente os dentes, pois o alcatrão deixa manchas amarelo-castanhas difíceis de serem eliminadas. E cuidado com receitas caseiras de clareamento, porque elas podem danificar os dentes.

Fumar não causa apenas danos estéticos. Uma consequência mais séria desse vício é o câncer de boca. A exposição ao sol sem cuidado e nas horas de maior incidência de radiação ultravioleta é outro fator para lesões, especialmente nos lábios. Portanto, aplique um protetor labial diariamente e fique atento a sinais de vermelhidão, feridas que não cicatrizam e sangramento bucal. Qualquer alteração e mesmo aumento de volume discreto na boca por mais de 15 dias devem ser investigados. Procure logo seu dentista, pois o diagnóstico precoce minimiza muito o dano.

FALANDO PELOS COTOVELOS

A voz, característica humana intimamente relacionada à necessidade do homem de se comunicar, é o som resultante da vibração das cordas vocais, e o seu mecanismo depende da boa saúde de várias estruturas: pulmões, cordas vocais, lábios, língua, dentes, palato mole e mandíbula. Cada uma delas tem função específica. O pulmão, por exemplo, produz o fluxo de ar que é expulso pela contração do diafragma e passa pelas cordas vocais para dar a frequência (grave e agudo) e a intensidade do som. Enquanto lábios, língua, dentes, nariz e seios da face amplificam e modificam o som que vem da laringe, formando as palavras. Então, fica claro que ter uma voz bonita e agradável depende de vários fatores e do perfeito funcionamento de sistemas do corpo, como o respiratório, o nervoso e o digestivo. Daí a importância de visitar seu otorrinolaringologista quando perceber mudanças na sua voz.

A voz carrega as palavras, sendo importante tanto na vida social quanto profissional. Pelo tom da voz, informamos o conteúdo da mensagem e sentimentos. Nas diferentes fases de nosso desenvolvimento, a voz sofre alterações. Para o recém-nascido, é essencial na comunicação entre mãe e filho. Uma curiosidade, conta o otorrinolaringologista Jair de Carvalho e Castro, professor da UFRJ e chefe do serviço de sua especialização na Santa Casa do Rio de Janeiro, é que a laringe da criança tem cerca de um terço das dimensões do órgão no adulto, e a sua posição anatômica é mais elevada. Com o tempo, ela vai descendo. Na adolescência, com o estirão, ocorre o desenvolvimento da laringe, especialmente nos meninos; é o momento da muda vocal. Após essa fase, a voz se define, e depois, com o avançar da idade, ela sofrerá novas alterações.

Com o tempo, é comum que a voz fique mais baixa e com menor intensidade, trêmula. Sua velocidade é alterada, e observamos fadiga vocal. Por isso, é importante cuidar bem de sua voz. Há profissionais que dependem dela para viver, como professores, cantores, radialistas, advogados e operadores de *telemarketing*, e que, por não saber usá-la, terminam sofrendo lesões em suas pregas vocais, como acontece com qualquer outro músculo, alerta Jair de Castro:

> Uma queixa comum é a rouquidão, causada pela dificuldade na emissão vocal. Há até quem ache atraente a voz rouca, mas, se a sua nunca foi assim, é melhor investigar. Esse sintoma pode ser decorrente do abuso da voz, da alteração na estru-

tura das cordas vocais — como nódulos (calos) e pólipos —, de refluxo na laringe e faringe, câncer de laringe, de paralisia das cordas vocais e de outros fatores.

Por isso, sempre que alguém procura o otorrinolaringologista se queixando de alteração da voz ou rouquidão, vários fatores devem ser avaliados, como profissão, idade, estado de saúde, hábitos, tipo de dieta, uso de cigarros, charuto, cachimbo, consumo de bebidas alcoólicas, exposição a produtos químicos, poluição do ar e sonora. Nesses casos, recomenda-se a realização de detalhado exame clínico e da videolaringoscopia, um aparelho ótico adaptado a uma câmera de vídeo.

TE CUIDA!

- Mantenha suas cordas vocais sempre tratadas. Beba, pelo menos, oito copos d'água por dia.
- Rouquidão que não melhora deve ser investigada.
- Fumo e álcool estão relacionados ao câncer de boca e vias respiratórias.

OUVIDOS PODEROSOS

Nossos ouvidos também precisam de cuidados. Por exemplo, usar fones de ouvidos em equipamentos no volume máximo, hábito comum entre adolescentes e até mesmo entre os adultos, causa perda de audição aos poucos, além de outras queixas. Uma delas é a de zumbido, que, estima-se, atinge 28 milhões de brasileiros e tem várias causas, porém há tratamento.

Algumas doenças, como o diabetes, gordura em excesso no sangue, pressão alta, doenças cardiovasculares e da tireoide bem como o abuso da cafeína, da nicotina e do álcool, podem desencadear falhas na audição e zumbido. Por exemplo, a cafeína é estimulante do cérebro e, não raro, acelera o som no ouvido. E a gordura no sangue entope os finos e delicados vasos dos ouvidos. Já o açúcar eleva a produção do hormônio insulina, o que modifica a bioquímica do ouvido. Então, se você também sofre com zumbido, procure seu otorrinolaringologista para investigar as causas. Na consulta detalhada, ele chegará a um diagnóstico e vai orientá-lo sobre o tratamento para que você se livre de vez do "grilo no ouvido".

OLHOS: CUIDE BEM DELES

Um dos sentidos mais importantes, a visão merece cuidado especial desde o nascimento. Já nas primeiras semanas é possível acompanhar a saúde ocular do bebê. Dados do Ministério da Saúde mostram que 30% das crianças em idade escolar e a maioria das pessoas acima de 40 anos precisam de óculos por causa da miopia (dificuldade de ver de longe), do astigmatismo (visão distorcida de longe e de perto), da hipermetropia (dificuldade de enxergar de perto, comumente associada a cansaço visual) ou da presbiopia, conhecida como vista cansada. Essas alterações podem prejudicar a autoestima e a realização de tarefas diárias, com consequente piora na qualidade de vida. Com o envelhecimento, podem aparecer outros problemas, como perda de visão por glaucoma (em decorrência do aumento da pressão ocular), catarata (a opacificação da lente ocular, o cristalino) e degeneração da mácula (região central da retina, que transforma a luz em impulsos nervosos), relacionada à idade e uma das principais causas de cegueira acima dos 70 anos. Com a colaboração do oftalmologista Almir Ghiaroni, doutor pela Escola Paulista de Medicina, vamos aprender a cuidar dos nossos olhos.

AO USAR COLÍRIOS

- Lave as suas mãos antes da aplicação e verifique no frasco se é preciso agitar o produto antes de usá-lo.
- Incline a cabeça para trás, puxe a pálpebra inferior para baixo com o indicador e, com a outra mão, segure o frasco.
- Pressione com o polegar o canto interno do olho para reduzir efeitos colaterais e aplique o colírio na parte interna da pálpebra inferior sem encostar a extremidade do frasco, evitando a contaminação.
- Feche os olhos por um minuto para permitir a ação do colírio. Se usar lentes de contato, retire-as antes da aplicação e volte a colocá-las depois de dez minutos. Se estiver usando mais de um colírio, espere um minuto entre um e outro. Sempre veja o prazo de validade do medicamento.

Além da consulta de rotina ao oftalmologista, a saúde dos olhos depende de hábitos saudáveis, como uma dieta balanceada. Por exemplo, o consumo em excesso de sal pode elevar a pressão arterial e causar danos às artérias da retina, que é a estrutura do olho responsável pela formação de imagens. Esses problemas podem ser identificados apenas em uma visita ao oftalmologista. O diagnóstico é feito por um exame simples de fundo de olho.

O glaucoma é uma doença grave causada pela lesão das fibras do nervo óptico por causa do aumento da pressão do olho (que costuma variar entre 10 e 20 mmg e deve ser medida anualmente), podendo ocorrer de forma crônica ou aguda. Aos poucos, se não for controlado, o glaucoma leva à perda da visão periférica, aquela que permite perceber objetos ao nosso redor. O problema é que o glaucoma, na maioria das vezes, não dá sinais nem sintomas. O seu diagnóstico pode ser feito pela tonometria (medida da pressão intraocular) na maioria dos casos, mas, às vezes, são necessários outros exames, tais como avaliação do aspecto do nervo óptico por biomicroscopia, campo visual, medida da espessura da córnea (paquimetria) e tomografia das fibras do nervo óptico. O tratamento é feito com o uso de colírios pelo restante da vida e, em casos que não conseguem se manter controlados com medicação ocular, é recomendada a cirurgia.

Colírios, aliás, costumam ser usados sem critério, especialmente por pacientes que apresentam os olhos vermelhos e se automedicam. Entretanto, como qualquer medicamento, eles só devem ser aplicados com orientação médica. Caso contrário, podem causar problemas sérios, principalmente se instilados durante um período prolongado.

Se o seu olho está muito seco, procure um oftalmologista. Às vezes, basta melhorar a hidratação com o uso de lágrimas artificiais para controlar esse problema. E Ghiaroni ainda recomenda:

> Para funcionar bem, o metabolismo ocular necessita de uma boa circulação sanguínea, que é estimulada por meio de exercícios físicos regulares e dieta saudável. Esses hábitos ajudam também a prevenir a doença da retina por diabetes. Dormir bem é outro ponto importante. Quando dormimos, os olhos se beneficiam de uma lubrificação contínua. É nesse período que os olhos eliminam partículas de poeira, alérgenos e poluentes que se acumularam ao longo do dia.

E evite o fumo, pois o cigarro aumenta o risco de catarata e degeneração macular relacionada à idade, além de piorar o prognóstico de pacientes que apresentam outras alterações oculares. Um dado para largar de vez o vício: grávidas fumantes têm maior risco de dar à luz bebês prematuros e com problemas de visão, em consequência de complicações retinianas.

Quanto à alimentação, nutrientes antioxidantes e ricos em vitaminas C (frutas cítricas e outros vegetais) e E (grãos integrais, peixes), zinco (frutos do mar, carne vermelha, castanhas), luteína (legumes e outros vegetais de folha verde-escuro, como espinafre) e ácido ômega-3 (salmão, sardinha e atum) são bons para a saúde ocular e protegem contra a dificuldade de visão na velhice. Diz Ghiaroni:

> Quem tem risco de degeneração macular relacionada à idade deve usar, com acompanhamento médico, vitamina C (500 mg), vitamina E (400 UI), betacaroteno (15 mg), óxido de zinco (80 mg) e óxido de cobre (2 mg). Estão sendo feitos estudos para avaliar os benefícios da ingestão de altas doses de luteína, zeaxantina e ômega-3 no controle da doença. Embora a nutrição balanceada seja importante para o bom funcionamento de todo o organismo, incluindo as estruturas oculares, vitaminas e suplementos nutricionais não têm o poder de curar qualquer doença nem recuperam perda visual.

NO COMPUTADOR

Passar horas em frente à tela do computador não causa danos permanentes à visão, mas pode provocar ressecamento ou desconforto ocular. Normalmente, piscamos cerca de dezoito vezes por minuto, mas, quando estamos presos a uma atividade visual contínua, esse número pode cair pela metade, e isso prejudica a lubrificação dos olhos.

Mantenha-se a uma distância entre 35 e 40 centímetros da tela do computador e a posicione um pouco abaixo da linha do olhar. A cada vinte minutos, deve-se deslocar o foco para uma distância maior, fixando um objeto situado a, pelo menos, cinco metros de distância. Além disso, uma gota de colírio lubrificante, receitado pelo seu médico, pode ser usada de hora em hora ou até com maior frequência, caso haja a sensação de olhos secos.

COM LENTES DE CONTATO

Os usuários de lentes de contato devem respeitar as recomendações dadas pelo médico. Sempre que possível, é bom dar um descanso para os olhos, usando óculos. Por mais que as lentes de contato atuais sejam confortáveis, quando estamos sem elas permitimos uma maior oxigenação da córnea. E é exatamente por esse motivo que elas não devem ser usadas durante o sono. Jamais use lentes de contato sem receita do seu oftalmologista.

PELE – O NOSSO MAIOR ÓRGÃO

O maior órgão do nosso corpo está do lado de fora dele e constitui 15% do peso corporal. A pele, formada por camadas unidas entre si (epiderme, derme e hipoderme, esta o tecido frouxo logo abaixo da derme), ainda carrega folículos pilosos, glândulas sudoríparas e sebáceas; e é responsável, entre outras funções, pela regulação da temperatura do organismo e primeira defesa contra germes nocivos, com sua capa contra fungos, bactérias e substâncias químicas. Seu bom funcionamento, portanto, reforça a proteção aos órgãos internos, mas isso dependerá de cuidados diários, como o uso de protetor ou filtro solar e óculos escuros com proteção contra os raios do sol (protege contra a catarata precoce) mesmo em dias nublados, e detecção precoce de manchas, ressecamento, pintas e sinais malignos, como ensina o dermatologista Fábio Cuiabano, do Hospital Federal de Ipanema, Rio de Janeiro, que colabora neste capítulo.

Cada parte da pele tem uma função. A epiderme, a mais externa e visível, forma uma barreira protetora que dificulta a perda de água e a invasão de micro-organismos e de substâncias perigosas. A derme fica no meio e tem fibras e grande quantidade de vasos e terminações nervosas que recebem estímulos e sensações do ambiente e os enviam ao cérebro. Já a hipoderme, a mais profunda, é basicamente de células de gordura. É ela quem liga as outras duas camadas ao corpo, mantém a temperatura e armazena energia. Essas camadas, porém, não são 100% impermeáveis.

Outra característica da pele é a sua cor, que vem do pigmento melanina. Quanto maior a quantidade de melanina, mais escura é a pele. O pigmento não dá só a cor, mas auxilia na proteção à radiação ultravioleta do sol. Com o envelhecimento, a produção de melanina cai e aparecem os fios brancos. Mas atenção: mesmo a pele negra, que é mais resistente que a branca, precisa de proteção contra os raios solares – sem falar que esse tipo contém mais glândulas de suor, e, portanto, ela tende a ser mais oleosa e vulnerável à inflamação de folículos nos pelos (as foliculites) e à acne, segundo acrescenta Cuiabano:

> Todos os dias, nossa pele está exposta à poluição, à poeira, ao vento e ao sol. Um dos cuidados básicos que devemos ter é a limpeza diária. Recomendo sabonetes neutros para o corpo, pois fragrâncias e corantes em excesso podem causar alergia.

Quanto à pele do rosto, existem sabonetes para cada tipo de pele: seca, mista ou oleosa. Você não precisa sentir que sua pele está esticada e seca para que ela pareça limpa. Na verdade, sentir isso significa que você tirou camadas importantes de óleos naturais ou deixou algum resíduo de sabonete. Além da limpeza, um aliado fundamental para qualquer boa rotina de cuidados com a pele é o hidratante. Mesmo que sua pele seja a mais oleosa possível, provavelmente ainda precisa de um bom hidratante, talvez mais fraco e que não obstrua os poros. Cremes e pomadas funcionam melhor para pessoas com a pele muito seca. O ideal é aplicar o hidratante logo após o banho, pois isso "prende" a água que a pele conseguiu absorver no chuveiro. Passe suavemente sobre a pele e deixe absorver.

Outra dica é evitar banhos quentes. Beba bastante água, mesmo sem sentir sede. Pele ressecada é sinal de desidratação, que piora com vento, poeira, sol em excesso, calor ou ar seco. Ainda para deixar a pele mais saudável e bonita, aumente seu consumo de comidas frescas e não muito processadas. Uma mistura balanceada de nutrientes, vitaminas, minerais e antioxidantes é ideal. A biotina, um tipo de vitamina B, ajuda a hidratar a pele, assim como o cabelo e as unhas. A vitamina A (fígado, manteiga, leite, gema de ovos) é importante quando se trata de reparar tecido danificado. Vitaminas C e E são outros bons antioxidantes e protegem a pele contra o excesso de moléculas de radicais livres no organismo, estimulados pela radiação solar.

Além disso, uma alimentação balanceada para manutenção de um peso corporal estável retarda a flacidez e a piora do aspecto da celulite. Assim como os outros órgãos, a pele sofre com maus hábitos, como fumar e beber cafeína e álcool. O fumo torna o fluxo sanguíneo da pele mais lento, reduzindo a quantidade de oxigênio e nutrientes, e pode deixá-la com a aparência envelhecida.

Quanto ao protetor solar, ele precisa ser aplicado em todo o corpo, inclusive atrás das orelhas e outras partes sempre esquecidas. Não só por motivos estéticos, para evitar sardas, manchas solares, queimaduras e rugas precoces. O câncer de pele é o mais frequente no Brasil, segundo dados do Instituto Nacional de Câncer, correspondendo a 25% de todos os tumores, e pode ser altamente agressivo e letal, como o melanoma. Fique atento ao crescimento na pele de mancha ou pinta de aparência elevada e brilhante, translúcida, avermelhada, castanha, rósea ou multicolorida; pinta preta ou castanha que muda de cor, textura; torna-se irregular nas bordas e cresce de tamanho; mancha ou ferida que não cicatriza e continua a crescer causando coceira, crostas, erosões ou sangramento. Proteja-se. Vale até usar peças de vestuário com fator de proteção ultravioleta.

TE CUIDA!

- Para ter uma pele bonita, mantenha-a hidratada. Moramos em um país tropical. Não se esqueça de beber muita água.
- O filtro solar é fundamental na prevenção do câncer de pele.
- Manchas escuras que não cicatrizam podem representar um perigoso câncer de pele (o melanoma).

Só dói quando eu penso...
Ai...

10. UMA VISITA AO NEUROLOGISTA E AO PSIQUIATRA: O QUE VOCÊ PRECISA SABER SOBRE NOSSO SISTEMA NERVOSO

Nosso sistema nervoso é formado por uma complexa rede de células, neurônios e nervos, que comanda as funções do organismo; sensações, movimentos e respostas a estímulos do ambiente. Apesar de tão sofisticado, ele também pode funcionar mal, tanto que a lista de disfunções por falhas das células nervosas do encéfalo e da medula espinhal por causa de fatores internos e externos é extensa (por exemplo, alterações genéticas, inflamatórias, degenerativas, infecciosas, imunológicas ou tumores). Só para ter uma ideia, o encéfalo carrega 86 bilhões de neurônios conectados a 10 mil sinapses, a estrutura que um neurônio utiliza para se comunicar com outro transmitindo impulsos nervosos. Na grande maioria dos casos, nosso sistema nervoso não se cansa e permanece ativo até o fim da vida. Pesquisas recentes confirmaram que, em qualquer idade, quando treinado e incentivado, o cérebro responde aos estímulos, formando mais conexões, ao que se chama neuroplasticidade. Aqui, vamos falar das queixas comuns nos consultórios de neurologia: a enxaqueca, as demências, a perda de memória, a preocupação cada vez maior com o aumento da expectativa de vida e a depressão.

CÉREBRO EM EBULIÇÃO

Sem dúvida, as dores de cabeça (são dezenas de tipos) estão entre os principais motivos de consulta ao neurologista. E, quase sempre, a doença é a enxaqueca, mal que, segundo estimativas, afeta cerca de 15% da população mundial. A enxaqueca tem grande impacto social e econômico, pois atinge principalmente adolescentes e adultos. As crises recorrentes podem durar de quatro horas a três dias, causando dor de cabeça moderada à intensa, que pulsa e lateja. Naturalmente, a pessoa se entope de analgésicos, piorando a situação, pois a enxaqueca pode piorar se o consumo de analgésicos é alto. Estudo divulgado pela Sociedade Brasileira de Cefaleia revelou que 62,2% dos pacientes entrevistados apresentavam dor de cabeça associada a abuso de analgésicos. O neurologista Maurice Vincent, professor da Faculdade de Medicina da UFRJ, chama a atenção para esse problema:

> Os analgésicos não devem ser usados para tratar as dores de cabeça. Servem apenas para alívio temporário; não curam a doença. O seu uso abusivo pode tornar crônicas cefaleias antes leves e eventuais, dificultando o tratamento.

Em boa parte dos casos, a dor afeta apenas um dos lados da cabeça e às vezes é precedida de aura visual (visão de luzes) e acompanhada de intolerância à luz (fotofobia), forte mal-estar, náuseas e vômitos. E piora ao fazer atividades do dia a dia, até mesmo caminhada e sexo. O consumo de certos alimentos, especialmente produtos gordurosos (queijos inclusive) e cítricos, vinho tinto e cerveja, pode ser um gatilho para as crises, mas não causa a doença, ao contrário do que se pensa. Jejum prolongado, dormir demais ou pouco também disparam as dores em alguns pacientes, assim como ansiedade, depressão e estresse crônico.

Daí a importância de uma consulta clínica detalhada e demorada. Dependendo da avaliação, o neurologista poderá necessitar de exames complementares de imagem, como ressonância ou tomografia. Já se sabe que o cérebro de quem sofre de enxaqueca é mais sensível a estímulos internos e externos, o que é parcialmente determinado por influências genéticas. Enxaqueca não tem causa, mas tem forte hereditariedade. A boa notícia é que a doença tem controle e tratamento. Manter hábitos saudáveis, praticar exercícios e técnicas de relaxamento também ajudam a diminuir as crises.

No tratamento, que é individualizado, o seu médico poderá receitar medicamentos neuromoduladores (anticonvulsivantes ou antiepilépticos) e antidepressivos para o controle da dor. Já os fármacos betabloqueadores (também usados em problemas cardiovasculares), drogas bloqueadoras de canais de cálcio e relaxantes musculares, entre outras, costumam ser indicados para prevenir ou retardar ao máximo o aparecimento das crises e precisam ser tomados todos os dias. Maurice Vincent conta que ainda não há cura para enxaqueca, mas a pessoa pode ter boa qualidade de vida, se seguir as orientações médicas:

> O tratamento da enxaqueca requer remédios que não têm ações analgésicas imediatas, mas diminuem a propensão às crises e reduzem a sua frequência, intensidade e duração. A chance de melhora é de 80%, quando acompanhado de hábitos saudáveis, boa alimentação, prática de exercícios físicos regulares e sono reparador.

CÉREBRO EM PANE – DEMÊNCIAS

Na década de 1960, a expectativa de vida do brasileiro era de 48 anos. Hoje é de 73 anos, segundo o Instituto Brasileiro de Geografia e Estatística (IBGE). Há cinco décadas, 3,3 milhões de brasileiros tinham 60 anos; agora, o número é de 20,5 milhões. Com o aumento da longevidade, sofremos com o aparecimento de problemas comuns depois dos 60 anos. E o que mais preocupa é a perda ou redução progressiva da capacidade cognitiva, temporária ou definitiva, parcial ou total, transtorno que leva à perda de autonomia. Alterações hormonais e cardiovasculares, má nutrição, infecções, distúrbios psiquiátricos (como depressão) e hereditariedade estão entre as principais causas de demências, sendo a mais frequente a doença de Alzheimer (que tem esse nome por causa do cientista que descreveu a doença, o alemão Alois Alzheimer). O neurologista Sergio Pereira Novis, professor emérito da Faculdade de Medicina da UFRJ e chefe do Serviço de Neurologia da Santa Casa do Rio de Janeiro, nos ensina como agir nessas situações.

> Falhas de memória, dificuldade de concentração, de comunicação, de orientação e locomoção; instabilidade emocional e perda de habilidades estão entre as sequelas das demências. Um levantamento da organização internacional Alzheimer's Disease International (ADI) indica que, em 2010, havia 35,6 milhões de pessoas com demências no mundo e se estima que esse número alcance 65,7 milhões até 2030 e 115,4 milhões até 2050. O receio de desenvolver demência é tão grande, que qualquer esquecimento aos 70 anos é logo motivo de preocupação e desconfiança. Mas saiba que é normal se esquecer de algo vez ou outra.
>
> Há vários fatores que contribuem para falhas de memória, como doenças da glândula tireoide, do fígado e dos rins; queda da glicemia, anemias e deficiência de vitamina B12. Alguns

> estudos, como um publicado na revista científica *Neurology*, dizem que este nutriente reduz o aminoácido homocisteína, que em alta concentração no sangue é associado a demências e doenças cardiovasculares. O melhor a fazer em caso de declínio cognitivo é consultar um especialista para investigação detalhada, complementada com exames laboratoriais e de imagem, especialmente a ressonância magnética do crânio.

A doença de Alzheimer começa, geralmente, com queixa de falhas de memória para fatos recentes. Nesta fase, o indivíduo ainda mantém a capacidade de se lembrar de experiências remotas. Aos poucos, tem dificuldade de recordar nomes próprios, nomes de pessoas, de ruas, de objetos etc. Só que esses episódios isolados não chamam a atenção. Com o agravamento da demência, a comunicação fica comprometida até o fim da vida. Um dado interessante, comenta Novis, é que a demência não permite que a pessoa sofra, pois a primeira característica do transtorno é fazer com que o indivíduo não perceba suas dificuldades. No consultório, ao ser levado por um parente, ele costuma dizer que se sente bem. Para surpresa de seus familiares, afirma que a sua memória está muito boa, o que não se confirma no teste de avaliação cognitiva (miniexame do estado mental).

> No início, observamos um déficit mínimo, no qual há perda de memória e de outras funções cognitivas sem interferir nas atividades de rotina, como vestir-se, banhar-se, dirigir, trabalhar e tomar decisões. Progressivamente, o paciente perde essas habilidades e ocorre a demência. Nesta fase, torna-se dependente de um cuidador.

Por essa razão, o hábito da leitura, o de exercitar o cérebro com jogos e palavras cruzadas e a prática de exercícios aeróbicos (caminhada, corrida, natação, ciclismo etc.) ajudam bastante na prevenção e atrasam o avanço da demência. No tratamento, há drogas específicas.

O cérebro das pessoas que têm Alzheimer apresenta baixos níveis de acetilcolina, um mensageiro químico que permite as comunicações entre os neurônios (células nervosas). Por isso, receitamos medicamentos para dificultar a degradação da acetilcolina. A depressão piora a demência, e o uso de fármacos antidepressivos faz parte do arsenal; assim como neurolépticos para alívio da agitação.

Diferentemente do Alzheimer, em que o declínio é contínuo e progressivo, a demência de origem vascular tem início rápido. Podemos preveni-la controlando os fatores de risco para doenças vasculares cerebrais: pressão alta, diabetes, níveis elevados de colesterol, triglicerídeos e homocisteína. Para fechar este capítulo, uma questão importante, lembra Novis:

> Habitualmente todo o encargo de cuidar do doente com demência fica nos ombros de uma só pessoa, tornando a tarefa árdua. Se as famílias souberem dividir as funções, tudo fica mais fácil; o cuidador se sentirá apoiado, e o paciente, acarinhado e amado; isto sim, o melhor remédio nesses casos.

DICAS PARA LIDAR COM PESSOAS PORTADORAS DE DEMÊNCIAS

- Mantenha a pessoa sempre sob a supervisão de um cuidador.
- Instale piso antiderrapante no banheiro e use cadeira plástica no banho.
- Não se esqueça das barras metálicas para apoio, inclusive em outros ambientes.

- Retire tapetes e outros obstáculos para evitar quedas.
- Mantenha, se possível, o paciente em sua própria casa. Ele não consegue mais aprender a se orientar em um novo local.
- Informe ao médico qualquer alteração de humor, comportamento, agressividade, choro excessivo, insônia, pois há medicações específicas que melhoram a qualidade de vida do paciente.
- Não fique testando o paciente com perguntas para avaliar a sua condição. Isto só o angustia. Organizar a família para divisão adequada das tarefas, visando não sobrecarregar um só e apoiar o trabalho do cuidador, é essencial.

DEU BRANCO: FALHAS DE MEMÓRIA

Com frequência ouço dos meus pacientes, de todas as idades, que eventualmente eles se esquecem do que têm de fazer, de que não se lembram de pagar uma conta, de pegar o filho na escola, entre outras tarefas diárias. Acreditam que estão ficando gagás ou sofrem de uma doença grave, como demência. Eu peço calma a eles, pois, na grande maioria dos casos, esses episódios isolados de falhas de memória são decorrentes da pesada rotina, do estresse, do cansaço mental, insônia e de problemas emocionais, como ansiedade e depressão. Só me preocupo quando esses esquecimentos começam a se tornar frequentes. Então é hora de investigar.

Neurocientistas explicam que há vários tipos de memória; a de trabalho, a de longa e curta duração e outras. E como já disse o pesquisador Iván Izquierdo, do Centro de Memória do Instituto de Pesquisas Biomédicas da PUC-RS, para formar novas informações e armazenar prioridades é preciso deletar antigas. Portanto, esquecer-se de alguma coisa de vez em quando não é doença; mas necessário. Porém, se a queixa é recorrente é melhor consultar um neurologista, porque ela pode estar relacionada à má irrigação de vasos do cérebro, a problemas hormonais, à alta ansiedade, à depressão (especialmente acima de 65 anos), ao uso de drogas (inclusive medicamentos) e ao abuso de álcool ou a demências progressivas.

Então, qual é a melhor forma de preservar a memória? Além de hábitos saudáveis, que incluem dieta balanceada e atividade física, a leitura é um ótimo exercício e que deve ser feito diariamente. Treinar a atenção, manter o convívio social, estudar línguas e fazer palavras cruzadas também estimulam o cérebro. Todas essas medidas liberam substâncias cerebrais que aumentam o bem-estar, relaxam e proporcionam o desenvolvimento de novas conexões entre os neurônios (a neuroplasticidade), melhorando a capacidade cognitiva, de raciocínio, de armazenamento de memória e de processar informação. A neurologista Maria Lúcia Pimentel, doutora em Neurologia pela UFRJ e professora da Santa Casa de Misericórdia do Rio de Janeiro, reforça as dicas:

- Durma bem: o cérebro precisa descansar. Durante o sono, as informações do dia são consolidadas na memória; portanto, o sono não reparador pode estar relacionado a esquecimentos.

- Alimente-se de forma adequada: a dieta diária bem balanceada, rica em alimentos como salmão e sardinha, por exemplo, são boa fonte de ômega-3, fornecerá os ingredientes adequados para o bom funcionamento dos neurônios.

- Leia muito: indivíduos que leem muito preservam por mais tempo uma boa memória. Na leitura, temos contato com inúmeras palavras, imagens e evocamos diferentes memórias armazenadas.

- Tenha um *hobby*: procure viajar mais, sair com os amigos, visitar museus ou locais de interesse. O fato de depois relembrar o que vimos e ouvimos exercita a memória como um todo.
- Jogos da memória: memorizar a letra de uma música requer atenção e memória ativas. Fazer palavras cruzadas e participar de jogos lúdicos ativam a memória. Por exemplo, montar um quebra-cabeça com mais de quinhentas peças exige atenção, julgamento visual fino, manipulação e mudança de atenção das peças pequenas para as grandes. E um lembrete: usar a mão não dominante estimula novos neurônios e estabelece melhor controle da outra mão. E faça o treino diário de tentar se lembrar de seus compromissos sem recorrer a celulares, agendas eletrônicas etc.
- Faça exercícios físicos: também são fundamentais na preservação da memória e, segundo a neuropsiquiatra John Ratey, quanto mais complexos, melhor para a memória (dançar, jogar tênis, futebol etc.).

DEPRESSÃO

Falta de prazer em realizar as atividades diárias, desinteresse, tristeza, dificuldade de concentração e em tomar decisões, cansaço e sensação de fraqueza, geralmente associados a excesso de sono ou à insônia, perda ou ganho de apetite, pouco desejo sexual e isolamento social podem ser sintomas de depressão, mal que afeta a todos: homens, mulheres, adolescentes e até crianças, sendo que nas mulheres a incidência é duas vezes maior.

Segundo dados da Organização Mundial da Saúde, a depressão é hoje a quarta maior causa mundial de incapacitação, e estima-se que em 2020 ela seja a segunda, diz Arnaldo Goldenberg, psiquiatra. Um dos fatores responsáveis para o surgimento da depressão é a alteração das substâncias serotonina, noradrenalina e dopamina; alguns dos neurotransmissores, mensageiros químicos, que têm papel essencial na regulação de várias funções, como o humor, o prazer, a saciedade. Outro fator importante é a hereditariedade.

Em primeiro lugar é preciso diferenciar depressão de tristeza. É normal e esperado que um indivíduo se sinta triste diante de uma grande perda ou de uma situação de extrema frustração. Este sentimento não é doença. Já a depressão precisa de tratamento e apresenta o sintoma de tristeza de grande intensidade e duração; muitas vezes sem ter qualquer motivo externo.

A depressão, portanto, inclui um conjunto de alterações, como uma perda do interesse ou do prazer por quase todas as coisas, incluindo sexo. Alterações do apetite para mais ou para menos muitas vezes com perda significativa de peso. Distúrbios do sono, também para mais ou para menos, sendo muito frequente o despertar no meio da noite com impossibilidade de voltar a dormir ou o despertar excessivamente precoce, sendo que a sonolência excessiva durante o dia também pode ocorrer. Em alguns casos, o deprimido tem sinais de agitação. Por exemplo, é incapaz de ficar sentado. Anda sem parar, esfrega as mãos, as roupas ou algum objeto. E são comuns sentimentos de desvalia e culpa, muitas vezes sem qualquer sentido lógico; assim como dificuldade de raciocínio. Os pensamentos relacionados à morte são frequentes, e, nos casos mais graves, o risco de suicídio é a maior preocupação.

O diagnóstico de depressão é feito em exame clínico apurado para se descartar doenças que podem ter sintomas semelhantes, como as alterações de humor que acompanham as disfunções da tireoide e uso de medicamentos e drogas que afetam o humor.

Não existem exames laboratoriais que permitam um diagnóstico de depressão. É muito comum imaginar que uma dosagem de serotonina no sangue ou de lítio (usado para tratar alterações de humor) pode confirmar o diagnóstico. Porém isto não é verdade. O neurotransmissor serotonina não pode ainda ser dosado no sangue através dos métodos convencionais, como exame de sangue comum.

Com a confirmação da doença, seu médico psiquiatra terá de traçar a estratégia de tratamento, que muitas vezes inclui psicoterapia. E um dos problemas da depressão é o preconceito. Muitas pessoas negam-se a admitir serem portadoras de depressão, pela associação de depressão com fraqueza. Consideram que este diagnóstico as desqualifica, colocando-as em uma condição de menor valor em relação às outras. Elas costumam ouvir que não saem da tristeza porque não querem, não têm força de vontade; entre outras afirmações que pioram o quadro, a autoestima. O que sabemos é que a pessoa com depressão fica impossibilitada de sentir prazer em qualquer atividade.

A doença depressiva pode apresentar uma remissão de seus sintomas, sem tratamento, em um período que leva até dois anos. Com o tratamento, o médico e o psicólogo ajudam a aliviar a doença em um prazo bem menor, de algumas semanas, e prevenir crises futuras. O tratamento psicológico é associado ao uso de fármacos antidepressivos e estabilizadores do humor, que hoje apresentam grande eficácia. A família e as pessoas que convivem com o deprimido têm um papel essencial no sucesso do tratamento.

É importante saber que a depressão é uma doença crônica, que precisa de acompanhamento constante por tempo indeterminado e que o prognóstico hoje em dia é extremamente favorável.

MAU HUMOR CRÔNICO

No diagnóstico da depressão, é importante diferenciar este problema de mau humor crônico, doença que se estima afeta 3% da população mundial e é conhecida pelos psiquiatras como distimia. Lembra um quadro de depressão leve crônica e dá sinais desde a infância. Justamente por ser mais branda, a distimia nem sempre leva a pessoa a procurar um psiquiatra.

Quem tem distimia sente-se desmotivado, mal-humorado e apresenta sentimentos negativos e impaciência. Vale lembrar que um indivíduo sem esses transtornos de humor pode ter um péssimo humor; até porque existem fatores genéticos envolvidos nessa característica. Mas os mal-humorados crônicos absorvem pensamentos espontâneos de coisas negativas.

Então, fique atento aos sintomas de irritabilidade, tristeza, impaciência, comportamento agressivo e angústia. O tratamento inclui psicoterapia cognitiva e comportamental, técnica que modificará a maneira de a pessoa sentir, pensar e agir. A prática de atividade física e a boa nutrição ajudam a liberar neurotransmissores que aumentam o prazer e a autoestima. O uso de medicamentos dependerá de avaliação médica.

Olha a postura!
Que post... Ai!

11. UMA VISITA AO FISIATRA E AO REUMATOLOGISTA: O QUE VOCÊ PRECISA SABER SOBRE DOR NAS COSTAS E OSTEOPOROSE

É inevitável. Em algum momento você teve ou terá dor nas costas, porque sua coluna vertebral, por algum motivo, está sobrecarregada, enfraquecida. As causas podem ser muitas, incluindo má postura, pisada errada, tensão emocional, excesso de peso, desvios acentuados na coluna cervical, coluna dorsal e na coluna lombar, desgastes nas articulações, inflamações nos nervos, entre outras. O leque de possibilidades é grande, e só depois de exames físico e complementares – raio X, tomografia computadorizada, ressonância magnética e exames laboratoriais são os mais comuns – se saberá o motivo de suas dores. Seja ele qual for, quanto mais cedo se iniciar o tratamento, menor risco haverá de o sintoma reaparecer. Com o passar dos anos, os cuidados com nosso esqueleto precisam ser ainda maiores. Na meia-idade, a perda de densidade óssea aumenta, o que deixa os ossos enfraquecidos e vulneráveis a fraturas, principalmente de fêmur, quadril e punho.

Neste capítulo, a reumatologista Francinne Machado Ribeiro, do Hospital Universitário Pedro Ernesto (da UERJ), e o fisiatra e fisioterapeuta Luiz Felipe Couto Guimarães nos ensinam a manter a coluna vertebral e os ossos fortes. O Dr. Carlos Giesta também apresenta dicas sobre como manter uma casa segura e evitar acidentes comuns para os idosos.

CORPO MOÍDO

A coluna vertebral é uma estrutura complexa, ao mesmo tempo forte e delicada, formada por 33 vértebras, unidas por articulações, discos intervertebrais e medula espinhal, que é a responsável pela transmissão de impulsos nervosos. Esse sofisticado sistema, que nos mantém de pé, precisa estar bem azeitado. Isso significa corrigir a postura; prevenir problemas como hiperlordose (acentuação da curvatura cervical e lombar), hipercifose (aumento da curvatura da região dorsal) e artrose; praticar exercícios físicos regularmente; usar travesseiros e colchões adequados ao seu biotipo; e seguir uma dieta rica em cálcio, principalmente na infância e na adolescência.

A boa notícia é que a maioria das pessoas com dor aguda nas costas fica bem apenas fazendo reeducação postural global, mantendo-se no peso ideal e controlando o estresse. Para problemas crônicos, técnicas de fisioterapia e acupuntura aceleram a recuperação, e, se for necessário, o seu médico receitará analgésicos, relaxantes musculares, anti-inflamatórios e aplicações de compressas quentes ou frias. Mesmo a hérnia de disco, que costuma trazer maior desconforto, tem solução.

A hérnia, quase sempre, está associada ao hábito de carregar excesso de peso, ao sedentarismo, à fraqueza muscular e dos ligamentos e à genética. Ela ocorre por causa da saída por pressão e/ou compressão do núcleo pulposo, a parte central e gelatinosa do disco intervertebral (espécie de amortecedor), que articula uma vértebra a outra. O problema fica grave quando a hérnia atinge os nervos da medula espinhal. Normalmente, o tratamento é clínico, com medicamentos e fisioterapia. Mas, em casos em que a hérnia acaba com o bem-estar, trazendo dormência, fraqueza muscular, paralisia e falta de força, existe a necessidade de operar, hoje com técnicas minimamente invasivas, que permitem menor período de internação e recuperação mais rápida.

TE CUIDA!

Os sintomas abaixo, mais conhecidos pelos especialistas como *red flags*, sugerem a possibilidade de doença reumática inflamatória, fratura, infecção da coluna ou tumor. Se você sentir algum deles, é recomendável fazer uma visita ao médico.

- Dor que não cede com analgésicos potentes.
- Dor durante a noite, a ponto de acordá-lo.
- Dor acompanhada de febre e emagrecimento.
- Dor acompanhada de fraqueza nas pernas ou nos braços e incontinência urinária ou fecal.
- Dor persistente em pacientes com menos de 40 anos.
- Dor recente em pacientes idosos.

PEITO PARA FORA, BARRIGA PARA DENTRO – DICAS SOBRE COMO MANTER A COLUNA EM FORMA

- De pé: Deixar um pé à frente do outro com os joelhos levemente flexionados reduz a pressão na coluna lombar.
- Sentado: Ao se manter sentado, coloque os seus joelhos um pouco mais altos do que o seu quadril para ter melhor suporte para a região lombar.

- **Ao carregar peso:** Melhor empurrar do que carregar, e não se sinta constrangido em pedir ajuda. Sua coluna agradece. Se for levantar algo, fique o mais perto possível e se ajoelhe apenas de um lado, com o outro pé tocando o chão. A ideia é usar as pernas, não a coluna, para levantar o objeto.

- **Na escolha do travesseiro:** Observe a posição em que você costuma dormir. A melhor é a de lado, porque força menos a coluna. Para reduzir a tensão e a dor nas costas, é bom optar por um travesseiro que mantenha o alinhamento do pescoço com o tronco. Ao dormir de lado, escolha um modelo que ocupe o espaço entre o ombro e a cabeça. Essa altura varia de dez a quinze centímetros. Nesse caso, o modelo deve ser firme, médio ou alto, sem deixar a cabeça inclinada para cima ou para baixo. Se gosta de dormir de bruços ou de costas, use um travesseiro baixo. Uma dica é colocar um travesseiro entre os joelhos, mantendo as pernas semiflexionadas, o que relaxa a coluna lombar. Os travesseiros de corpo, com cinquenta a setenta centímetros, são ainda melhores, nesses casos. Agora, se você dorme de costas, use o travesseiro macio de altura média, preenchendo o espaço entre a cabeça e o colchão e deixando os braços ao lado do corpo, ou cruze as mãos sobre a barriga. Nesta posição, ter um travesseiro sob os joelhos semiflexionados fica ainda mais confortável. De bruços, a coluna sofre por causa da rotação da cabeça e torção da cervical. Se preferir assim, seu travesseiro deve ser o mais baixo possível, e você deve manter os braços esticados para baixo.

SEGURANDO O ESQUELETO – OSSOS FORTES PREVINEM A OSTEOPOROSE

O osso é composto por células e minerais, como cálcio, fósforo e magnésio, que, com o passar dos anos, vão sofrendo alterações que levam à perda da densidade do esqueleto, principalmente em mulheres que passaram pela menopausa e já não contam com a proteção de hormônios estrógenos. Essa desmineralização óssea é a osteoporose, que precisa ser controlada para evitar fraturas graves. Além do processo natural de envelhecimento, o uso prolongado de medicamentos corticosteroides, doenças hormonais, dos rins, do fígado, do sangue, artrite e cânceres podem causar essa fragilidade óssea, especialmente em maiores de 60 anos.

Daí a importância de se expor diariamente ao sol (antes das 10 horas e após as 16 horas) e de fazer uma dieta saudável, balanceada desde a infância, com bom consumo de leite e seus derivados e vegetais ricos em minerais, como cálcio (amêndoas, brócolis, couve e sementes de gergelim). As necessidades diárias desta substância no adulto são de 1.200 mg/dia, sendo que nas mulheres, após a menopausa, ela sobe para 1.500 mg/dia. Para exemplificar, um copo de leite integral (200 ml) contém cerca de 230 mg de cálcio, e um copo de leite desnatado, cerca de 250 mg. Já uma fatia de queijo minas fresco possui 200 mg.

Além do cálcio, a vitamina D é essencial na saúde óssea, pois aumenta o aproveitamento do cálcio ingerido. Sua principal fonte na Natureza é o sol, e, se você não se expuser o suficiente a ele, talvez precise tomar suplementos de vitamina D ou aumentar o consumo de óleo de fígado de peixe (bacalhau, sardinha, arenque, salmão e atum), ostras, ovos e peixes (atum, sardinha, salmão e cavalinha). Por outro lado, alguns alimentos, quando consumidos de forma exagerada, atrapalham a absorção de cálcio pelo intestino, como gorduras, refrigerantes do tipo cola (o ácido fosfórico rouba minerais, até dos dentes) e dieta rica em sal (aumenta a excreção do cálcio pelos rins).

Se quiser ter ossos fortes por muito tempo, também pare de fumar. Essas medidas simples previnem ou retardam ao máximo o aparecimento da osteoporose, um mal silencioso, alerta a Dra. Francinne:

> Uma dificuldade no diagnóstico é a falta de sintomas, pois a osteoporose só causa dor nas fases mais avançadas, quando há fraturas. Além do exame clínico, a densitometria óssea permite a detecção precoce da redução da massa óssea e serve de parâmetro no tratamento. A prática de exercícios com orientação de profissional de educação física ajuda na manutenção da densidade óssea, mas precisa ser feita com cuidado. No dia a dia, se você sofre de osteoporose, use calçados que permitam boa estabilidade e com solado antiderrapante e evite se levantar abruptamente para não correr o risco de cair. Para tratar a osteoporose, diversas drogas podem ser utilizadas para reduzir a absorção óssea, e outras que ajudam a formar novo tecido ósseo, dependendo da avaliação de seu médico.

TE CUIDA!

Para a prevenção da osteoporose, a receita é simples:

- Exposição ao sol de 30 minutos antes das 10 horas ou depois das 16 horas.
- Ingestão de cálcio através de alimentos (laticínios, vegetais, leite).
- Prática de exercícios de impacto (uma caminhada, por exemplo) por 30 minutos, diariamente.

SUA CASA É SEGURA?

Muitos consideram que dentro da própria casa estão livres de acidentes graves. Certo? Não, errado. Algumas casas escondem armadilhas nem sempre evidentes ou valorizadas, mas que são ameaça permanente para todos os moradores, principalmente para os idosos.

Carlos Giesta, professor emérito da Universidade Federal do Estado do Rio de Janeiro e membro titular da Academia Nacional de Medicina e da Sociedade Brasileira de Ortopedia e Traumatologia, lembra que a decadência do corpo humano é fato inexorável, que evolui ao longo dos anos em ritmo lento, gradual e progressivo. Ele afirma que em sua experiência as principais deficiências físicas que colocam em risco de acidente o idoso são: o declínio da acuidade visual; a redução da audição; a lentidão da resposta aos estímulos nervosos, que prejudica a coordenação motora e torna retardada a resposta dos mecanismos de autodefesa; a eventual hipotensão postural, muitas vezes associada ao uso de medicamentos que atuam sobre o sistema nervoso; a fragilidade óssea resultante da osteopenia ou de sua forma mais grave, a osteoporose e a atrofia osteomuscular consequente do sedentarismo. Tais contingências explicam por que quedas aparentemente banais acabam resultando em lesões importantes.

A gravidade dos acidentes domésticos é, na maioria das vezes, diretamente proporcional à infeliz associação da decadência física do morador – estatisticamente os idosos representam 75% desse tipo de acidentado – com a inadequação da arquitetura e/ou decoração do imóvel. Como veremos, a segunda parte da equação é de fácil correção. Desde a disposição do mobiliário à iluminação dos cômodos, todas as instalações devem ser criteriosamente avaliadas e adaptadas às necessidades de seus moradores, proporcionando-lhes um ambiente seguro, prático e confortável.

Confira as principais medidas que Giesta recomenda e que devem ser adotadas para você ter uma casa segura e não cair nas principais armadilhas que são: iluminação insuficiente; pisos polidos, úmidos ou molhados; fios elétricos ou de telefone soltos; móveis de quinas agudas; mobiliário e outros objetos com fixação ou apoio instável; caminhar pela casa só de meias sem solado antiderrapante.

- O acesso do entorno ao interior da casa, de preferência, deve ser feito por meio de rampa com inclinação máxima de 10º ou degraus com altura máxima de 10 cm. Capachos devem ser colocados em rebaixo ou eliminados. O piso externo deve ser sem irregularidade e áspero.
- Elimine o desnível entre os pisos dos diversos cômodos da casa.
- Coloque antiderrapante em todos os tapetes e carpetes.
- A largura ideal dos corredores é de 100 cm, livres de pequenos móveis e outros objetos de decoração, exceto quadros e gravuras.
- Disponibilize espaço suficiente que facilite o deslocamento com muletas ou andador em todos os cômodos da casa.
- Escadas com corrimão, de preferência, em ambos os lados e com vão mínimo de 80 cm. Degraus com profundidade mínima de 30 cm e altura entre 12 e 18 cm.

- Portas de acesso entre cômodos com largura mínima de 80 cm.
- Trajeto entre cômodos – principalmente entre quarto e banheiro – livre de obstáculos como cadeiras, mesas ou qualquer outro objeto.
- Piso antiderrapante é essencial em banheiros, principalmente no interior dos boxes e banheiras. Se o piso original for liso, use estrados com ventosas.
- Barras de apoio são indispensáveis em boxes e banheiras para facilitar a entrada e saída do idoso. Devem ser colocadas entre 90 e 110 cm acima do piso, dependendo da altura do usuário.
- Acesso fácil a telefones instalados no quarto e no banheiro, estabelecendo meio simples e seguro de comunicação com outros moradores da casa e com serviços de emergência.
- Distribuição adequada dos pontos de luz gerando iluminação de suficiente intensidade, suave e não ofuscante. Interruptores de luz, localizados junto à porta de entrada de cada cômodo, a 1,20 m de altura. Sensores de presença facilitam o deslocamento, principalmente pela madrugada, em corredores e banheiros. Segundo pesquisa da Sociedade Brasileira de Ortopedia e Traumatologia, a maioria das quedas em domicílio ocorre entre 19 horas e 6 horas e está, com certa frequência, relacionada com a má iluminação local.
- Sofás e cadeiras com altura entre 45 e 50 cm. O ideal é que a coxa do idoso, quando sentado, fique paralela ao

solo. Cadeiras com braços, pois facilita o sentar e, principalmente, o levantar. Mesas – sala de jantar, escritório, computador e outras – devem ter altura de 0,75 cm.

- A altura da cama com colchão deve ser entre 45 e 50 cm.

08:20
Você está medindo o seu abdômen?
Não.
A distância até a geladeira.

12. UMA VISITA AO ENDOCRINOLOGISTA: O QUE VOCÊ PRECISA SABER SOBRE TIREOIDE, DIABETES E REPOSIÇÃO HORMONAL

Há dias em que estamos desanimados, cansados, de mau humor ou sem apetite. Tudo bem se isso acontece vez ou outra. Porém, se essas queixas se tornam frequentes, é importante conversar com seu médico. Talvez o seu organismo esteja sofrendo de desequilíbrio hormonal; como mau funcionamento da glândula tireoide. Neste capítulo, vamos aprender a prevenir e reconhecer algumas das alterações do nosso sistema endócrino.

TIREOIDE

Fique atento se você estiver sentindo muito cansaço e desânimo, com perda ou ganho de peso, enfraquecimento dos cabelos e das unhas, falta de desejo sexual (libido), prisão de ventre e excesso de sangramento menstrual. Essas queixas costumam estar relacionadas a problemas na tireoide. Esta glândula em forma de borboleta e localizada no pescoço (gogó) pesa apenas de 15 a 30 g, porém é essencial ao trabalho das células. A sua principal função é produzir e armazenar os hormônios T3 (triiodotironina) e T4 (tiroxina), que agem na memória, na concentração, no humor e no coração, entre outras funções.

Quando a tireoide trabalha pouco, aparece o que chamamos de hipotireoidismo; mal que afeta, na idade adulta, cerca de 2% das mulheres e 0,2% dos homens. Já na população de idosos, estes percentuais aumentam para 6% e 2% respectivamente. Por outro lado, quando ela libera hormônios em excesso, temos o hipertireoidismo. Nos dois casos, o volume da glândula pode aumentar. Daí o termo bócio, como ensina a endocrinologista Mônica Gadelha, professora adjunta de endocrinologia do Departamento de Clínica Médica da UFRJ:

> A principal causa de hipotireoidismo é a tireoidite crônica autoimune, também chamada de tireoidite de Hashimoto, uma autoagressão do organismo. Nestes casos, outras pessoas da família costumam ter também a doença. Aos poucos, a pessoa ganha peso, a pele torna-se ressecada, fria, amarelada e espessa; os cabelos e as unhas se enfraquecem. Há quem se queixe também de dificuldade de raciocínio, falhas na memória, câimbras, frio exagerado, alterações do ciclo menstrual e desânimo. Os exames laboratoriais podem mostrar anemia, aumento de colesterol, diminuição de sódio e aumento da prolactina (substância que estimula a produção de leite pelas glândulas mamárias) e de enzimas do fígado. Infecções por vírus e o uso sem controle de medicamentos como, por exemplo, lítio e amiodarona são algumas das causas de hipotireoidismo transitório.

O problema é que os sinais de hipotireoidismo nem sempre são percebidos de início e se manifestam de forma diferente em cada indivíduo. Por isso, além da consulta clínica, o diagnóstico requer a dosagem no sangue dos hormônios TSH (geralmente elevado) e do T4 livre (nesses casos, baixo). Quase sempre o problema é resolvido com o uso oral e diário do hormônio da tireoide (levotiroxina), tomado em jejum no mínimo vinte minutos antes do café da manhã.

Já no caso do hipertireoidismo – também mais comum nas mulheres –, a glândula produz e libera hormônios além do normal. Isso acontece, na grande maioria dos casos, em consequência da doença de Graves, uma autoagressão do próprio organismo. E, ao contrário do hipotireoidismo, a pessoa emagrece; fica irritada; a pele se aquece e umedece; os olhos parecem saltados; o coração dispara e o sono demora a chegar. O controle, nesses casos, dependerá de consulta, mas pode incluir remédios orais antitireoidianos, iodo radioativo oral e, dependendo da avaliação, cirurgia.

• PARA NÃO ESQUECER •

- Como os sinais de hipotireoidismo são difíceis de perceber, todos nós devemos fazer exame de sangue periodicamente para avaliar o funcionamento da glândula, a partir dos 35 anos. Mulheres que estejam planejando gravidez também devem avaliar a função tireoideana. Se você tem história de doença de tireoide na família, consulte o seu clínico para saber se deve iniciar o controle mais cedo.

DIABETES: DOCE VENENO

Se a tireoide é o maestro que comanda funções essenciais das células, o pâncreas não fica atrás em relevância. Muita gente não sabe, mas o pâncreas é uma glândula, de cerca de 20 centímetros de extensão, que se localiza atrás do estômago; entre o duodeno e o baço. Ele produz enzimas digestivas e, o mais importante, o hormônio insulina, essencial para aproveitar a glicose, um tipo de açúcar e principal combustível do nosso organismo. Quando o pâncreas não libera insulina ou ela não consegue agir (resistência insulínica), aparece o diabetes; hoje uma epidemia global que atinge cerca de 10 milhões de pessoas no Brasil – a maioria adulta e acima do peso.

Mas como desconfiar de que o corpo é vítima do diabetes? Vontade de beber água a todo instante, aumento de apetite, emagrecimento sem justificativa, necessidade frequente de urinar e dificuldade de cicatrização são sinais dessa doença traiçoeira, que se manifesta em qualquer idade. Os seus tipos mais comuns são o 1 e o 2. O primeiro aparece na infância e na adolescência e ocorre a destruição das células (Ilhotas de Langherans) que fabricam a insulina. Essa é uma doença autoimune, como o lúpus, o hipotireoidismo, por causa da doença de Hashimoto, ou seja, aparece em consequência de uma autoagressão pelo sistema imunológico em pessoas predispostas geneticamente. Já o diabetes tipo 2, responsável por 80% a 90% dos diagnósticos, decorre, principalmente, da resistência à insulina. Há ainda o diabetes da gravidez, que se caracteriza pela redução da tolerância à glicose, e há o risco de se tornar crônico após o nascimento do bebê.

E o motivo para o diabetes ser chamado de traiçoeiro é que, apesar do aumento lento e gradual dos níveis de açúcar no sangue, a maioria do diabético tipo 2 passa anos sem reclamar dos sintomas. Porém, a hiperglicemia crônica causa sérios danos, como entupimento de artérias, mau funcionamento dos rins, redução da capacidade de visão e problemas no sistema nervoso. E não só isso: é comum os diabéticos apresentarem elevação dos níveis de colesterol e da pressão arterial, fatores que, por si só, levam a complicações cardiovasculares, como acidente vascular encefálico (o derrame) e infarto do miocárdio. Mesmo assim há quem não leve a sério o aumento de glicose no sangue. A vida não precisa ser chata, sem açúcar, pães, massas, pizzas e outros carboidratos, mas, pacientes diabéticos necessitam de orientação quanto ao consumo desses alimentos.

Portanto, procure manter uma dieta saudável, se possível com orientação de nutricionista. Evite abusar de açúcar e álcool; pratique exercícios físicos regularmente e faça exames laboratoriais anualmente para verificar sua taxa de glicose. Essas medidas simples e que tomam pouco tempo previnem não apenas o diabetes tipo 2, mas outros problemas de saúde. Mesmo tomando todos os cuidados com o diabetes, siga sempre a recomendação do seu médico. Quanto mais cedo o diagnóstico, melhor o controle da glicose, o que permitirá levar uma vida sem muitas restrições; como ensina o endocrinologista Leandro Kasuki, do Centro de Pesquisa em Neuroendocrinologia da UFRJ e do serviço de endocrinologia do Hospital Federal de Bonsucesso, no Rio de Janeiro:

> O tratamento do diabetes consiste em controlar a glicose e evitar as suas complicações. No tipo 1, de maneira geral, é feita a reposição de insulinas. No tipo 2, inicialmente, as opções incluem drogas orais que diminuem a resistência à insulina ou elevam a secreção deste hormônio pelo pâncreas. Além de medicamentos, é essencial manter a alimentação balanceada e se exercitar, não fumar, evitar o abuso de álcool, controlar a pressão arterial e os níveis de gorduras no sangue.

PARA MEDIR A GLICOSE

O diagnóstico do diabetes é simples, feito por meio de exame de sangue, em jejum de 8 horas. Duas dosagens de glicemia acima de 125 mg/dl (miligrama por decilitro) confirmam a doença. Outros dados são a dosagem da hemoglobina glicada (reflete a média da glicemia nos últimos três meses) igual ou acima de 6,5% e da glicemia em qualquer horário do dia superior a 199 mg/dl na presença de sintomas de diabetes.

Outro exame importante para identificar o diabetes, lembram os endocrinologistas, é o teste oral de tolerância à glicose (TOTG), também em jejum de 8 horas. Ele dosa a glicemia duas horas após a ingestão de 75 g de glicose (um líquido doce fornecido pelo laboratório). A glicemia acima de 199 mg/dl confirma o diagnóstico. O TOTG é pedido quando a glicemia de jejum está entre 100 e 125 mg/dl (o que indica intolerância à glicose ou pré-diabetes).

REPOSIÇÃO HORMONAL: VIGOR NA MEIA-IDADE

Por falar em hormônios, a produção deles começa a cair à medida que envelhecemos, e essa queda é mais sentida na meia-idade, em ambos os sexos. Só que a reposição hormonal, tanto em homens quanto em mulheres, não é receita de bolo nem pode ser feita por tempo indeterminado.

Reposição hormonal feminina: o resgate do bem-estar

Um estudo de onze anos com 6 mil mulheres a partir de 40 anos, feito no setor de Climatério do Hospital das Clínicas da Universidade de São Paulo (USP), revelou que a maioria apresentava queixas relacionadas ao desequilíbrio hormonal. Mas vale a pena fazer a reposição hormonal com medicamentos? No Brasil, a faixa etária média de ocorrência da menopausa – o fim da produção dos hormônios estrogênio e progesterona pelos ovários – é de 48 anos. Com a elevação da expectativa de vida no país, um número maior de mulheres quer ter bem-estar e vida sexual ativa. E a reposição, quando bem indicada, proporciona melhora do humor, aumento do desejo sexual e da vitalidade, alívio dos calores e do ressecamento vaginal, entre outros benefícios.

A terapia de reposição hormonal (TRH) em mulheres sofreu um baque em 2002. Isso porque a pesquisa *Women's Health Initiative* (*WHI*), publicada na *JAMA*, sigla em inglês da revista da Associação Médica Americana, avaliou os efeitos da reposição hormonal feita com estrogênios e progesteronas. Os autores desse estudo observaram que as usuárias apresentavam uma maior incidência de derrames e câncer de mama.

Para fazer a reposição hormonal, o médico avalia o histórico de doenças prévias da mulher, como isquemia (má irrigação de artéria e vasos), trombose venosa (entupimento da veia por coágulos) e câncer. Além disso, a presença de doenças cardiovasculares pode ser um dos motivos para se evitar a terapia de reposição hormonal, até porque as mulheres têm artérias mais finas, e os sintomas de um ataque cardíaco nelas nem sempre são tão evidentes quanto no homem.

Pesquisas serviram para mostrar que a TRH deve ser individualizada, como reforça a endocrinologista Amanda Athayde, da Sociedade Brasileira de Endocrinologia e Metabologia (SBEM).

> Uma boa opção hoje é o estrogênio associado à progesterona natural ou seus derivados. A forma natural, obtida da planta *Discorea* e produzida em laboratório, mostra-se mais segura que os progestágenos. Além disso, ela evita desconfortos, como inchaço, crescimento de pelos e alteração de colesterol. Com a progesterona natural, a chance de desenvolver câncer relacionado à TRH é menor. E o tempo de reposição dependerá de avaliação médica e do estado de saúde de cada mulher.

Para repor os estrogênios, os endocrinologistas costumam recomendar as fórmulas em gel, absorvido através da pele, e adesivos substituídos a cada três ou sete dias. É uma boa saída, porque evita a passagem da droga pelo fígado. A isoflavona, substância encontrada principalmente na soja, não é a mesma coisa que o estrogênio. Alguns pesquisadores acreditam que a isoflavona tem efeitos benéficos no alívio de sintomas da menopausa, mas nem todos concordam. O que se sabe é que, enquanto a TRH oferecer mais benefícios, ela poderá ser mantida se a mulher fizer acompanhamento médico a cada seis meses e mamografia anual.

Reposição hormonal masculina: *"eu tenho a força"*

Diferentemente das mulheres, os homens não têm uma fase determinada para sofrer a queda abrupta ou o fim da produção de seu principal hormônio: a testosterona (encontrada em pouca quantidade no sexo feminino). Por isso, não cai bem a palavra andropausa, revela Roberto Campos, urologista do Hospital Federal dos Servidores do Estado do Rio de Janeiro. O correto, pelo menos para os estudiosos, é chamar a perda gradual de testosterona (produzida principalmente pelos testículos) de deficiência androgênica do envelhecimento masculino (DAEM), um nome difícil e comprido para explicar as queixas masculinas de desânimo, tristeza, perda de desejo sexual, dificuldade de ereção, fraqueza muscular e falta de concentração a partir da meia-idade.

A testosterona começa a trabalhar desde cedo. Já na adolescência, estimula o aparecimento das características masculinas, como aumento da massa muscular, engrossamento da voz, crescimento de pelos, desenvolvimento do pênis e amadurecimento dos espermatozoides. Mas, aos 50 anos, cerca de 6% dos homens já apresentam uma queda nos níveis de testosterona, com redução gradual de 1% ao ano do hormônio. Se for obeso ou diabético, esses níveis podem ser ainda mais reduzidos.

E, assim como no diabetes tipo 2, os sintomas da deficiência de testosterona surgem sutilmente, sugerindo até depressão. Para confirmar o diagnóstico, além de consulta clínica, pedimos exames de sangue. A reposição hormonal somente será indicada quando a redução de testosterona afetar o bem-estar e as dosagens hormonais forem comprovadamente baixas. O seu objetivo é melhorar o estado emocional, as características cerebrais – como a memória, a compreensão e o entendimento (cognição) –, o vigor físico, a função sexual, a memória e a saúde óssea.

Dependendo de avaliação médica, a reposição de testosterona será feita via injeção ou gel aplicado na pele. A consulta clínica periódica ao urologista ou ao endocrinologista é fundamental, inclusive para fazer exames de sangue e cardiovasculares, e, muito importante, o controle do PSA (a sigla em inglês de antígeno prostático específico, um marcador de alterações na próstata). E saiba que levar uma vida saudável, com dieta balanceada e prática de exercícios físicos, atrasa a necessidade de reposição hormonal em ambos os sexos.

• PARA NÃO ESQUECER •

- Não tenha medo do diabetes, mas não o ignore, especialmente se tem histórico familiar.

- O diabetes não pode ser ignorado, porque pode ser uma das causas de disfunção sexual.

- Dormir bem, não fumar, manter-se no peso adequado ao seu biotipo e controlar a sua pressão faz bem para a saúde sexual.

- Todos os homens a partir dos 45 anos devem consultar um urologista para avaliação da próstata e da saúde sexual, não só dos níveis de testosterona, mas de outros hormônios, como os produzidos pela tireoide e pelas glândulas suprarrenais. A regra é: a reposição hormonal masculina não é para quem quer fazer, e sim para quem precisa.

Champanhe?
Não,
antiácido.

13. UMA VISITA AO GASTROENTEROLOGISTA: O QUE VOCÊ PRECISA SABER SOBRE OS PROBLEMAS MAIS COMUNS DO APARELHO DIGESTIVO

No mundo moderno e estressante em que vivemos, nem sempre nos alimentamos adequadamente. O estômago e os intestinos sofrem. Não por acaso, há quem chame nosso aparelho digestivo de "segundo cérebro". Sensível, vulnerável quando maltratado, ele se torna um ambiente acolhedor para micro-organismos nocivos, especialmente bactérias. Neste capítulo, vamos aprender a cuidar bem desse sistema com os médicos José Antônio Flores da Cunha, mestre em gastroenterologia pela UFRJ, e João Luiz Hauer, do Hospital Federal de Ipanema, no Rio de Janeiro.

QUEIMAÇÃO E AZIA

Tirar um cochilo depois do almoço é saudável, um hábito adotado em vários países, inclusive entre nossos vizinhos sul-americanos. Mas, para as pessoas que sofrem de refluxo gástrico e hérnia de hiato, deitar-se após as refeições traz grande desconforto. A hérnia de hiato – alteração comum em pessoas acima de 50 anos, fora do peso e/ou fumantes – aparece quando parte do estômago desliza para o tórax através do músculo diafragma, uma estrutura que se abre e se fecha para permitir a passagem dos alimentos. Resultado: refluxo, o indesejável retorno de conteúdo do estômago para o esôfago, que pode trazer até consequências mais graves, como engasgo e aspiração para o pulmão do líquido que reflui do estômago, acarretando pneumonia.

Nesse refluxo, restos de alimentos misturados ao ácido suco gástrico causam azia e queimação no peito e na garganta, além de gosto amargo na boca, dor no tórax (que pode se confundir com o infarto), tosse, pigarro, rouquidão e até asma. No dia a dia, observo ainda que os indivíduos com hérnia de hiato e/ou refluxo reclamam de salivação excessiva, laringite e faringite, casos que precisam ser acompanhados por um especialista em gastroenterologia. É ele quem vai confirmar o diagnóstico, com a ajuda de exames de endoscopia e outros de imagem, que mostram, muitas vezes, inflamação e feridas no esôfago. Se esse problema não for tratado, haverá risco de danos sérios à saúde, como hemorragias, úlceras e estreitamento da parte final do esôfago, sem falar em um maior risco de câncer desse órgão. Quando o refluxo é leve ou a hérnia é pequena, normalmente recomendam-se medicamentos e reeducação alimentar. Se essas medidas não resolverem, pode-se operar.

Porém, vale o velho ditado: "é melhor prevenir do que remediar", lembra o médico José Antônio Flores. E ele tem algumas dicas para evitar o refluxo e controlar a hérnia de hiato:

> Evite, sempre que possível, alimentos gordurosos e condimentados, cafeína, bebidas alcoólicas e gaseificadas. Fuja da automedicação, não fume; não se deite logo após as refeições, procure se alimentar mais vezes ao dia e em menores por-

ções; evite beber muito líquido durante e logo após as refeições; use roupas confortáveis e, nos casos mais graves, eleve a cabeceira da cama em dez a quinze centímetros. Tudo isso ajuda bastante.

O INIMIGO NÚMERO 1 DO ESTÔMAGO

Um micro-organismo invisível a olho nu e que tem a capacidade de viver em meio ácido é o responsável por uma queixa frequente: as gastrites e as úlceras. Esse vilão é a bactéria batizada de *Helicobacter pylori* (Hp), descoberta há apenas vinte e nove anos, um feito que rendeu o Prêmio Nobel de Medicina em 2005 aos médicos australianos Warren e Marshall.

Para ter ideia do poder de contaminação da *H. pylori*, ela é encontrada em mais da metade da população mundial, principalmente em países pobres e em desenvolvimento, como o Brasil e a Índia, onde, em várias cidades, as condições de higiene de alimentos, não raro, deixam a desejar. Por sorte, a maioria dos infectados permanece saudável, mas continua transmitindo o micro-organismo, transmissão que ocorre geralmente na infância, por meio do contato com secreções de pessoas infectadas ou água e alimentos contaminados via oral-oral ou fecal-oral. Essa bactéria, muitas vezes negligenciada, pode ser um fator predisponente ao aparecimento de câncer de estômago.

Portanto, evite a automedicação, dicas de amigos ou receitas da vovó quando desconfiar que seu ritmo intestinal está diferente ou se sentir dor logo abaixo do esterno, o osso vertical situado na parte anterior do tórax (boca do estômago), acompanhada de azia ou queimação. Falta de apetite, náuseas e vômitos também são sintomas de gastrite, assim como a presença de sangue nas fezes e no vômito. Não adie a visita ao seu médico.

O diagnóstico de gastrite e úlceras dependerá do exame de endoscopia com biópsias, e a detecção do *H. pylori* pode ser realizada também por testes respiratórios e pesquisa de anticorpos no sangue. Se for necessário tratamento, o seu médico receitará antibióticos, entre outros remédios, medida que resolve mais de 90% dos casos. E um detalhe: a cura só é confirmada, no mínimo, quatro semanas após o início da terapia. Então, siga à risca a orientação médica.

INTESTINO IRRITÁVEL

Como comentei anteriormente, o estresse crônico, mesmo isoladamente, ataca o estômago e os intestinos. E se ele estiver associado à ansiedade, depressão e dieta pobre em fibras vegetais, pode aparecer o que chamamos de síndrome do cólon irritável. Isso mesmo. O sensível sistema digestivo fica nervoso e funciona de forma irregular. E mostra isso com sintomas como excesso de gases, barriga distendida, prisão de ventre e/ou diarreia e, às vezes, cansaço, suor intenso e náuseas.

Como inexiste exame específico para comprovar a síndrome do intestino irritável, é importante consultar seu médico, até para afastar a possibilidade de suas queixas estarem relacionadas a outros males que se manifestam de forma semelhante, tais como intolerância ao glúten (doença celíaca — intolerância aos produtos que contêm aveia, centeio, cevada e trigo), proteína do leite (lactose), doença diverticular e câncer do intestino. Confirmado o diagnóstico, o tratamento requer reeducação alimentar, apoio psicológico e uso de medicamentos.

FÍGADO GORDO

Que gordura em excesso faz mal todo mundo sabe. O que talvez não seja muito divulgado é que ela não obstrui apenas as artérias e se acumula na barriga. O fígado também é atacado. Os principais inimigos são: alimentos ricos em hidrato de carbono (frituras, gorduras, doces, massas) e consumo abusivo de álcool.

O perigo é que o acúmulo de gordura no fígado costuma ser silencioso; não dá pistas. Quando os sintomas se manifestam, a pessoa sente desconforto abdominal, náuseas, vômitos, cansaço e perda de apetite.

Para confirmar o diagnóstico de fígado gorduroso, seu médico pode recorrer a exames laboratoriais e de imagem (ultrassonografia, por exemplo). E, mesmo que eles não mostrem nada grave, é melhor acompanhar, pois há risco de a doença evoluir para cirrose. O tratamento dependerá de cada caso, mas inclui reeducação alimentar, evitando-se excesso de álcool e produtos ricos em carboidratos; controle do diabetes; e prática de exercícios físicos regularmente, visando à perda de peso e à melhora da qualidade de vida do paciente.

E um alerta: alguns especialistas acreditam que as hepatites virais (inflamação do fígado) também favorecem a formação de gordura no fígado. A infecção pelos tipos B, C e D ocorre pelo contato com o sangue de pessoas infectadas e, no tipo B, também por meio de relações sexuais sem uso de preservativo. Não há comprovação científica de transmissão sexual da hepatite C. O tipo D só afeta quem já foi infectado pelo tipo B.

As hepatites não podem ser negligenciadas. Fique alerta aos sinais de mal-estar, febre, cansaço, enjoo, falta de apetite, olhos e pele amarelada (icterícia), urina escura e fezes claras. As principais medidas são higienizar os alimentos; beber água filtrada; lavar as mãos com frequência; evitar relação sexual sem camisinha; usar sempre seringas descartáveis; tomar mais cuidado com instrumentos de manicure, ao fazer tatuagens e colocar *piercings*. Para os tipos A e B existem vacinas, seguras e eficazes (**veja mais informações nas páginas 95, 96 e 97**). É recomendada a vacinação. Até o momento não existe vacina contra o vírus da hepatite C.

BOLSAS NO INTESTINO

Há uma alteração comum após os 50 anos que, muitas vezes, passa despercebida na consulta clínica, mas que merece atenção: os divertículos, ou pequenas bolsas que se formam na parede do intestino grosso. Estima-se que 65% das pessoas aos 80 anos têm divertículos. Se eles se inflamarem, a primeira queixa pode ser dor abdominal, acompanhada de febre, náuseas e vômitos. Há risco de eles se romperem e sangrarem, agravando a situação.

Para prevenir a inflamação dos divertículos, é indicado o aumento de consumo de fibras (grãos integrais, vegetais, frutas e legumes).

• PARA NÃO ESQUECER •

- Para evitar os sintomas de hérnia de hiato, deve-se comer várias vezes ao dia em menor quantidade; deixe os hábitos de ver TV deitado, comer e logo se deitar; reduza o consumo de alimentos ácidos e eleve a cabeceira de sua cama.

- As gastrites e úlceras geralmente são causadas pela bactéria *H. pylori*, e o seu tratamento, quando necessário, requer o uso de antibióticos sob supervisão médica.

- Controle seu estresse e sua ansiedade. Eles são gatilhos que disparam a síndrome do intestino irritável.

- A gordura no fígado, por muitos considerada algo sem importância, pode evoluir para cirrose.

- Comer mais fibras integrais, frutas e vegetais é a melhor maneira de prevenir divertículos e suas complicações.

Estou pesquisando a cura do câncer, e você?
As causas.

14. CÂNCER: CÉLULAS DESCONTROLADAS

O câncer representa hoje, em todo o mundo, um grave problema de saúde pública. No Brasil, cerca de 500 mil pessoas são diagnosticadas com a doença todos os anos, e a estimativa de óbitos em 2012, segundo dados do Instituto Nacional de Câncer (INCA), ultrapassa 170 mil. Os números são ainda mais dramáticos nos Estados Unidos, com mais de 1 milhão e meio de casos previstos, sendo 500 mil letais, em 2011. O câncer (recebeu este nome porque os primeiros tumores estudados lembravam a forma de caranguejo) pode ser altamente agressivo e se espalhar por todo o organismo. Neste capítulo, o oncologista Daniel Tabak ensina a prevenir o câncer e fala da importância da detecção precoce da doença.

Mais de um terço das mortes por câncer pode ser atribuído a hábitos alimentares inadequados e à pouca prática de exercícios físicos. A exposição ao tabaco também representa importante causa da doença e é responsável por 30% dos tumores diagnosticados. A suscetibilidade ao câncer também pode ser devida a fatores genéticos; porém, apenas uma minoria dos casos está associada à hereditariedade. Portanto, medidas simples, como evitar a exposição a derivados do tabaco, manter o hábito de se exercitar e ter uma alimentação saudável, podem evitar mais de 30% das mortes associadas ao câncer.

Várias questões que relacionam nutrição e câncer são controversas, uma vez que os resultados dos estudos publicados não são consistentes. Os nutrientes costumam ser avaliados isoladamente, e o resultado é uma simplificação excessiva diante da complexidade da dieta e dos padrões alimentares. A importância da dose, do tempo e da duração da exposição não pode ser claramente quantificada. O comportamento dos tumores está relacionado à precocidade do diagnóstico e à sua biologia. Esses fatos e a capacidade do sistema imunológico de conter o invasor representam os fatores críticos para a sobrevivência do indivíduo.

Apesar de incertezas sobre prevenção do câncer, algumas recomendações foram estabelecidas pela Sociedade Americana do Câncer (ACS, na sigla em inglês) no sentido de minimizar o risco da doença. Vamos ver quais:

DETECÇÃO PRECOCE DO CÂNCER

A Sociedade Americana do Câncer recomenda que os seguintes testes sejam realizados com o objetivo de diagnosticar o câncer em seus estágios iniciais, aumentando as chances de cura:

Câncer de mama – A recomendação é fazer exame clínico da mama a cada três anos para mulheres entre 20 e 30 anos e anual acima de 40 anos. As mulheres devem aprender a reconhecer modificações no aspecto das mamas e consultar seu ginecologista em casos de suspeita de alterações. O autoexame das mamas hoje é considerado opcional para mulheres a partir dos 20 anos. Mulheres com história familiar importante da doença – o que sugere tendência hereditária – devem ser submetidas periodicamente a exame de ressonância magnética de mamas, além da mamografia convencional.

Câncer colorretal – A partir dos 50 anos, homens e mulheres devem realizar uma colonoscopia a cada dez anos (ou a cada cinco anos se forem detectados pólipos benignos no exame anterior). Este intervalo pode ser modificado se houver histórico clínico ou familiar que indique um risco mais elevado.

Câncer de colo uterino – Os testes para detecção precoce do câncer de colo uterino devem ser iniciados aos 21 anos. Embora não exista uma recomendação formal para mulheres mais jovens, o início precoce da atividade sexual constitui uma preocupação adicional. O papiloma vírus humano (HPV, na sigla em inglês), o principal responsável por tumores de colo do útero, é transmitido em relações sexuais sem uso de preservativo. Daí a importância de consultar o ginecologista periodicamente para exame preventivo, como o Papanicolau, que pode detectar tumores iniciais, quando há ainda grande chance de cura através de uma cirurgia simples.

Mulheres entre os 21 e 29 anos devem ser submetidas ao exame de Papanicolau a cada três anos. Os testes para a identificação do HPV não devem ser realizados nessa faixa etária, exceto em mulheres que apresentem um exame de Papanicolau anormal. Entre os 30 e 65 anos, o exame de Papanicolau deve continuar a ser realizado a cada três anos. Caso a pesquisa do HPV seja feita simultaneamente, os exames podem ser repetidos a cada cinco anos. Após os 65 anos, pacientes que passam por testes regularmente com resultados normais podem interromper a testagem periódica.

Com relação às vacinas contra HPV, a Sociedade Americana do Câncer determina que sejam aplicadas em meninas de 11 e 12 anos. Embora o benefício da vacina possa ser estendido até os 18 anos, não existe recomendação formal para a vacinação em massa. Estudos em homens também indicam a eficácia da vacina na prevenção de tumores do canal anal (maior risco em relações homossexuais) e no aparecimento de verrugas genitais.

A principal limitação à vacinação é econômica. É importante lembrar que a imunização contra o HPV não elimina a necessidade dos exames regulares para cada faixa etária.

Câncer de próstata – A detecção precoce do câncer de próstata é polêmica. Os tratamentos de rotina podem comprometer desnecessariamente a qualidade de vida do paciente. A Sociedade Americana do Câncer diz que os homens devem ser testados somente após o perfeito conhecimento dos riscos e dos benefícios do diagnóstico precoce. Após os 50 anos, caso tome a decisão de prosseguir com os exames, devem ser realizados a dosagem do PSA (sigla de antígeno prostático específico, uma proteína encontrada naturalmente no organismo e que pode estar aumentada em caso de tumores e outras doenças da próstata) e o exame de toque retal da próstata. A testagem deve ser iniciada aos 45 anos em indivíduos cujo pai ou irmão desenvolveu câncer de próstata antes dos 65 anos.

Câncer de pele – A exposição excessiva aos raios ultravioleta do sol deve ser evitada, principalmente entre as 10 e 15 horas. A pele deve ser protegida com filtros solares que reduzem a exposição à radiação. Hoje, já existem peças de vestuário, como bonés e camisetas com substâncias que limitam a exposição à radiação solar e que ajudam a evitar maiores danos à pele. Manchas na pele que aumentam de tamanho, mudam de forma ou de cor devem ser avaliadas imediatamente pelo seu dermatologista.

Câncer de intestino – Embora haja estudos que sugerem que uma dieta pobre em fibras e grãos integrais, combinada com má hidratação, seja fator de risco para o câncer de intestino (cólon e reto), Eduardo Linhares, cirurgião e pesquisador do Instituto Nacional de Câncer (INCA), afirma, porém, que as causas do câncer de intestino não são totalmente conhecidas. Acredita-se que o tumor tenha origem em um pólipo, espécie de verruga na superfície do intestino. Sob a ação de agentes cancerígenos, ele cresce e forma o câncer. Esse processo, no entanto, leva tempo. Daí a importância da detecção precoce.

Em 25% dos diagnósticos de tumor de intestino existem base genética e histórica na família. A polipose familiar caracteriza-se pela existência de mais de cem pólipos no intestino. Em geral, ela se manifesta em pessoas jovens e tem tratamento eficaz. Mas, se for negligenciada, há 100% de chance de virar maligna até os 45 anos. A prevenção pode ser aumentada com uma dieta rica em fibras, frutas, verduras e legumes frescos, cereais e peixes. Estudos relacionam o tabagismo, a obesidade, o consumo excessivo de carne vermelha, embutidos e bebidas alcoólicas aos tumores do intestino. Por isso, pratique exercícios físicos, controle seu peso e evite o álcool e o cigarro. Linhares recomenda que a primeira colonoscopia (exame semelhante à endoscopia, mas feita pelo reto) seja feita aos 50 anos.

A repetição do exame será definida de acordo com os resultados do primeiro. Fique atento a sangue nas fezes, à alteração da frequência intestinal (prisão de ventre ou diarreia) e à sensação de evacuação incompleta.

• PARA NÃO ESQUECER •

• **Pare de fumar** – Este é o fator mais importante. Além do câncer de pulmão, o tabaco determina um maior risco de leucemia, de câncer de boca, laringe, esôfago, estômago, pâncreas, rim, bexiga, intestino grosso e útero. O mais grave é que isso não se aplica apenas aos fumantes, mas aos que convivem com eles e respiram em ambientes frequentados por fumantes.

- **Controle o peso** – Usando como base o Índice de Massa Corporal (IMC) para reduzir o risco de câncer, o ideal é mantê-lo abaixo de 25. A obesidade potencializa as chances de sofrer com tumores de mama, colo e reto, endométrio (camada interna do útero), pâncreas, entre outros.

- **Seja mais ativo** – A atividade física diminui não apenas o risco de doenças cardiovasculares, mas também o de câncer. As recomendações para adultos indicam a necessidade de, um mínimo, de 150 minutos de atividade moderada ou 75 minutos de atividade intensa, distribuídos ao longo da semana, segundo a Sociedade Americana do Câncer. A prática deve ser estimulada nas crianças: uma hora de exercícios por dia, sendo que, ao menos três vezes na semana, eles devem ser intensos.

- **Coma alimentos saudáveis** – O ponto básico de uma dieta saudável consiste em consumir alimentos que não resultem em sobrepeso. Devemos dar preferência aos pouco calóricos. Vegetais, frutas e opções integrais devem fazer parte das refeições. A quantidade de carne vermelha precisa ser limitada, principalmente quando ela for rica em gordura. Evite frituras e coma mais peixes.

- **Controle o álcool** – As recomendações da Sociedade Americana do Câncer limitam o consumo diário em dois drinques para os homens e um drinque para as mulheres. Essa unidade corresponde a 350 ml de cerveja, 150 ml de vinho ou cerca de 50 ml de uma bebida destilada.

Também os cânceres de próstata e o de mama são comuns. No caso do de próstata (ela produz o líquido prostático, que, juntamente ao líquido seminal e aos espermatozoides, forma o esperma), o urologista Fernando Vaz diz que, para a prevenção, é necessário fazer o exame anual de toque retal e a análise no sangue da taxa de PSA (sigla em inglês de antígeno específico, proteína no sêmen e produzida pelas células saudáveis em pequena quantidade) a partir de 45 anos (antes, se tiver histórico familiar de tumor). Quando o PSA está alto (os parâmetros variam de acordo com a idade, por exemplo), indica alteração benigna (como crescimento normal da próstata ou inflamação da próstata, prostatite) ou câncer. Portanto, o PSA não é uma sentença. Até mesmo homens que praticam ciclismo regularmente podem apresentar elevação de PSA. O diagnóstico de câncer é feito a partir de biópsia.

Com a confirmação de tumor maligno, o médico discute as alternativas de tratamento. Cada caso é avaliado individualmente. Apesar de ser um câncer de evolução lenta, ele pode causar metástases (quando a doença invade outros órgãos) no início. Se for tumor maligno, geralmente são feitos a prostatectomia radical (retirada total do órgão e de estruturas vizinhas), a radioterapia (aplicação de radiação) e o controle clínico. A cirurgia costuma ser indicada em pacientes com expectativa de vida superior a dez anos e bom estado de saúde. As principais sequelas são a disfunção erétil (impotência sexual) e incontinência urinária. No entanto, atualmente, com o diagnóstico precoce, a probabilidade de esses problemas acontecerem é menor, pois, na maioria das vezes, os tumores acabam sendo descobertos ainda pequenos, e logo se inicia o tratamento. Quando o paciente é de alto risco para a operação, o médico tem a opção da radioterapia, mas, como qualquer procedimento, esta tem efeitos indesejáveis, como cistite (inflamação da bexiga) e impotência. Quando a doença ataca órgãos adjacentes, pode ser necessária a hormonioterapia.

A perspectiva de uma vida com qualidade para quem sofre de câncer de próstata é muito melhor hoje do que há trinta anos, comenta Fernando Vaz. Quanto mais cedo o tumor for diagnosticado, maiores são as chances de cura, e, menores, as sequelas.

Na mulher, o câncer de maior incidência é o da mama (que também afeta o sexo masculino). Maurício Magalhães Costa, professor de ginecologia da UFRJ, lembra que o autoexame mensal das mamas, a consulta de rotina e o exame de mamografia são essenciais para prevenção e diagnóstico precoce. A mamografia (radiografia da mama) detecta o câncer muito no início e, segundo a Sociedade Brasileira de Mastologia, deve ser realizada anualmente a partir dos 40 anos. Em mulheres com mamas densas, podem-se associar a ultrassonografia e ressonância magnética mamária, de acordo com orientação médica.

> Cerca de 75% dos casos de câncer de mama não têm relação com hereditariedade. Apenas uma parcela reduzida das mulheres sofre mutações genéticas que elevam consideravelmente o risco de desenvolver o tumor maligno. Sendo assim, a prevenção fica por conta de medidas que tornem a vida saudável, como dieta balanceada, controle do peso e prática de exercícios físicos; além da visita regular ao ginecologista. Alguns autores apontam que menstruação precoce, redução no número de gestações e do tempo de aleitamento materno,

> uso de anticoncepcionais orais e terapia de reposição hormonal depois da menopausa são fatores de risco para câncer de mama. As técnicas cirúrgicas para tratar esse tipo de tumor foram aperfeiçoadas: preservam as mamas, e a plástica reconstrói o seio. Fármacos modernos atacam especificamente o câncer e melhoram o prognóstico e a qualidade de vida.

Atualmente, o câncer é um problema de saúde pública mundial. A Organização Mundial da Saúde (OMS) estimou que, em 2030, serão 27 milhões de casos, 17 milhões de mortes pela doença e 75 milhões de pessoas vivendo com câncer. Então, é melhor se cuidar.

Pessoa jurídica
Pessoa física

CONCLUSÃO

Ufa, chegamos ao fim do livro! Vejo que Gandhi tinha razão quando dizia que "a felicidade não está no fim da jornada, e sim em cada curva do caminho que percorremos para encontrá-la". Posso, em primeiro lugar, dizer que foi uma experiência dura, mas muito gratificante e enriquecedora, conversar com muitos profissionais da saúde - reuniões e *e-mails* sem fim. Ao término, tive a certeza de que tentei fazer o melhor possível.

Se você, leitor, terminar de ler o livro e mudar seus hábitos e comportamento para melhor, esta obra, para mim, já terá sido um sucesso. O objetivo principal deste trabalho é melhorar a qualidade de vida das pessoas, tentar mostrar a importância dos bons hábitos.

Como mensagem final, gostaria de ressaltar pontos que considero importantes e lembrar que o bom médico trata a doença e o grande médico trata o doente. Baseado nessa premissa, eu sempre ouço muito os meus pacientes, verifico suas angústias e ganho sua confiança. Isso faz toda a diferença na consulta, pois me baseio na história que o paciente conta para decidir quais exames vou pedir e quais orientações vou passar para ele.

TE CUIDA!

1) Na medicina, continua valendo uma frase clássica: "**A clínica é soberana**". Não devemos nos esquecer de que os exames são complementares e são solicitados após a coleta do histórico e da anam-

nese do paciente. Muitos exames são feitos por operadores, e um exame malfeito pode alterar todo o raciocínio médico.

2) **Evite o sentimento de negação.** Dê importância aos sintomas e reações do seu corpo e não tire conclusões imediatas. Uma dor no peito pode ser gazes, mas também o princípio de um infarto. Uma dor de cabeça pode ser o início de uma gripe, mas também um quadro grave de ruptura de um aneurisma cerebral.

3) Atualmente, existe mais um elemento entre o médico e o paciente: a internet. Costumo chamá-la de **Dr. Google**. Ele pode até ajudar, esclarecendo uma ou outra dúvida, mas pode confundir e trazer ansiedade desnecessária. Não tenho nada contra ele, que, na maioria das vezes, ajuda os pacientes, tira dúvidas e pode até trazer novidades para os médicos. As descobertas de medicina possuem uma velocidade que nem sempre é possível acompanhar. No entanto, a dica é a de sempre checar informações em *sites* oficiais das sociedades médicas, que publicam diretrizes, opiniões de especialistas e normas baseadas em evidências científicas. É um caminho mais seguro.

4) Escolha um dia do ano e faça dele o dia da **medicina preventiva**. Não deixe para visitar o médico quando você já estiver doente.

5) Estilo de vida saudável não é se entupir de suplementos vitamínicos, mas, sim, adotar bons hábitos. **Troque um mau hábito por um bom.**

6) Se você está fora de forma, lembre-se: essa é uma boa maneira de morrer mais rápido ou de ter uma vida com pior qualidade. O exercício físico é a mais poderosa arma para combater diabetes, depressão, obesidade, Alzheimer e previne vários tipos de cânceres e doenças cardiovasculares. **Exercite-se!**

7) **Saúde, nosso maior patrimônio.** Cuide dela melhor do que você cuida do seu dinheiro. Na prática, muitas vezes fazemos exatamente o contrário. Cuide bem do seu dinheiro, e melhor ainda da sua saúde. Não deixe para se importar quando já a tiver perdido.

8) Ler, viajar, ter amigos, desenvolver *hobbies*, curtir as férias, cuidar de plantas, brincar com animais, rir de você mesmo, **desenvolver seu lado espiritual** são medicamentos de que todos devemos fazer uso por toda a vida.

9) A expressão "tempo é dinheiro" está fora de moda. **Tempo é vida.** Organize sua agenda, deixe tempo livre para fazer o que você gosta, atividades que dão prazer. Evite aquela desculpa velha e ultrapassada de que você não tem tempo!

10) Por fim, **rompa crenças, mude de atitude**. Quantas vezes ouço: "Queria aprender a mexer no computador, ou a estudar inglês, emagrecer..." Mude o disco e diga: "Eu posso! Eu vou conseguir!". Quebre barreiras!

AGRADECIMENTOS

À Adriana, companheira desde os tempos da faculdade e que me deu uma família linda e sempre esteve ao meu lado. Sincera e franca, é a favor da verdade, por mais dura que possa ser. Companheira de todas as horas, mãe presente e amorosa e profissional supercompetente. Um exemplo!

Aos meus irmãos, Antonio, Vinicius e Paola; e aos meus sogros, Mário (*in memoriam*) e Neli, meus agradecimentos.

Aos professores Denilson Albuquerque, meu preceptor de residência na UERJ, e Aristarco Siqueira, meu orientador de mestrado e doutorado na UFRJ, e a Heloísa Leite, minha orientadora na UFRJ – COPPEAD, agradeço pelos valiosos ensinamentos de vida acadêmica.

Tenho uma equipe de colaboradores do mais alto nível, que me ajuda nas tarefas de atender os pacientes, acompanhar cirurgias, preparar palestras e a realizar eventos científicos. É um trabalho maravilhoso, que inclui os médicos Ana Paula Ramidan, Aline Medeiros, Aline Vargas, Cynthia da Mata, Edno Wallace e Flávia de Deus; as dedicadas secretárias Karla – fiel escudeira desde 1980 – e Emília e os colaboradores Alex, Américo, Elvira, Inês, Jade, José e Márcia. A todos, meus sinceros agradecimentos.

Aos amigos médicos que colaboraram, direta ou indiretamente, neste livro. Aqui tem muita conversa de corredor e bate-papo de sessões médicas e cafés da manhã na varanda. Agradeço a todos e vou representá-los na figura de Romeu Cortes Domingues, médico brilhante, que sempre teve a qualidade como princípio de seu trabalho. Um verdadeiro amigo e, acima de tudo, uma pessoa do bem.

Aos amigos não médicos que também já participaram de reuniões e cafés da manhã na varanda. Represento-os na pessoa do Padre Jorjão, figura extraordinária, de grande dimensão humana. Um homem de fé.

Aos médicos, psicólogos e nutricionistas que escreveram textos ou me deram valiosas sugestões, dentre eles os cardiologistas do exercício, Cláudio Gil e Daniel Kopiler, as psicólogas Aline Sardinha, Kátia Kitajima e Luisa Costa e as nutricionistas Virgínia Nascimento e Fernanda Mattos. Agradeço pelas inúmeras dicas e sugestões recebidas. Vocês representam, em minha opinião, aquilo que vem sendo chamado de "a base da cardiologia comportamental". Estamos buscando algo mais do que tratamento e prevenção: mudança de comportamento.

Aos amigos que se dispuseram a ler o livro e a fazer comentários na quarta capa. Meus agradecimentos para Edson Godoy, Mariana Ximenes, Murilo Ferreira, Paulo Niemeyer e Zuenir Ventura.

A ideia deste livro é antiga. Minha filha caçula, Letícia, foi a primeira a me estimular e a me cobrar a publicação de um livro. Em 2010, lancei um pequeno livreto, chamado *Detalhes*. Nele, ressaltei algumas ideias que originaram o *Te cuida!* Letícia não aceitou o livreto. Disse que não valia, pois era muito pequeno, e, então, tive de partir para um livro maior.

Aos colaboradores que reviram os textos do livro, que o tornaram mais compreensível e que fizeram várias revisões, meu muito obrigado: Alice Velho e Debora Fleck, que contribuíram na primeira parte, e Antônio Marinho, jornalista e craque da área da saúde que trabalhou de forma incansável para fazer da segunda parte um texto agradável e de fácil compreensão.